Nüchtern betrachtet

Vanessa Sonder
Patrizia Hausheer

Nüchtern betrachtet

Bargespräche zweier Philosophinnen
Vol. II

Bibliografische Information der Deutschen Nationalbibliothek:
Die Deutsche Nationalbibliothek verzeichnet diese Publikation in der Deutschen Nationalbibliografie; detaillierte bibliografische Daten sind im Internet über http://dnb.d-nb.de abrufbar.

1. Auflage

(Ein Imprint von Redaktionsbüro.ch GmbH)
Schützenhausstrasse 80
CH-8424 Embrach
www.arisverlag.ch | www.redaktionsbüro.ch

Coverbilder: © Oksana L – stock.adobe.com
Umschlaggestaltung und Satz: Lynn Grevenitz | kulturkonsulat.com
Lektorat: Katrin Sutter / Paula Fricke
Korrektorat: Red Pen Spra chdienstleistungen / Elisabeth Blüml
Druck: CPI books GmbH, www.cpibooks.de
ISBN: 978-3-907238-38-7

Mit freundlicher Unterstützung von

Kanton Zürich
Fachstelle Kultur

Kulturförderung Graubünden. Amt für Kultur
Promoziun da la cultura dal Grischun. Uffizi da cultura
Ufficio della cultura dei Grigioni. Ufficio della cultura
SWISSLOS

Stadt Zürich
Kultur

Inhalt

Sechs Jahre später

Warum ein zweites Mal unsere Gespräche als Buch herausbringen? Vielleicht, weil die Liebe zur Philosophie und unsere Freundschaft seit unserem Buch «Was soll das alles» die letzten Jahre unverändert geblieben sind? Auf der Welt und in unserem Privatleben hingegen hat sich viel getan. Besonders in einer Zeit, in der schnelle Antworten oft den Vorrang haben und der offene Diskurs bedroht ist, möchten wir mit diesem Buch einen Raum für tiefere Überlegungen schaffen. Wir erlauben uns, Fragen zu stellen, Patrizia an Vanessa, Vanessa an Patrizia, wir an die Leserin, den Leser. Und diese Fragen stellen wir, ohne immer sofortige Antworten zu erwarten.

Trafen wir uns im ersten Buch ausschließlich in Bars bei einem Glas Rotwein, sind unsere Treffen nun vielerorts: in der Bar, im Café, am Abgrund einer Baustelle, auf einem überfüllten Flohmarkt, inmitten von Bücherregalen ... Diese Vielfalt schlägt sich auch in unseren Gesprächen nieder. Wenn wir früher vorwiegend den klassischen lebensphilosophischen Themen zugewandt waren, wagen wir uns in diesem Buch nun nüchtern – und teilweise ernüchtert – an grenzgängige Themen.

Unsere Dialoge sollen die Leserin und den Leser auf eine philosophische Reise mitnehmen, dabei immer das Ziel vor Augen, dass philosophische Reflexion nicht nur in akademischen Kreisen stattfinden muss, sondern auch im Alltag ihren Platz hat. Wir hoffen, dass die Gespräche inspirieren und dazu anregen, eigene philosophische Antworten zu finden. Philosophie ist kein abgeschlossenes Wissen, sondern ein fortwährender Prozess des Fragens und Verstehens.

Vanessa Sonder & Patrizia Hausheer

Wozu lachen?

Vanessa

Zögerlich drehe ich mich auf den Rücken und fasse mir an den Nacken. Er schmerzt. Parkbänke haben sich noch nie als Liegefläche geeignet. Sie fallen leicht ab, sind schmal und ausgesprochen hart. Mit halb geöffneten Augen erahne ich allmählich die Welt um mich herum, bemerke das viele Grün, die tanzenden Schatten, die verschwommenen Gestalten in der Ferne – bis sie irgendwann in die Weichzeichnung einbricht: die Klarheit.

Ich muss eingenickt sein, eingelullt vom Rauschen der Bäume, die großgewachsen den Stadtpark säumen. Mein letzter Gedanke, jetzt erinnere ich mich, galt den feinen Adern, die ich auf den Blättern über mir deutlich erkennen konnte. Die Transparenz irritiert mich auch jetzt. Wo verlaufen die Adern? Auf der Innenseite des Blattes? Auf der Außenseite? –

Erneut spüre ich einen stechenden Schmerz im Nacken. Ich richte mich auf und betrachte den noch jungfräulichen Rasen, der vor mir liegt. Die Sonne scheint von oben durch das blätterreiche Geäst der Bäume und fächert sich über der Wiese zaghaft zu feinen Strahlen auf. Ein Hauch von Mystik umgibt das Schauspiel.

Ich mag dieses gedämpfte, sanfte Licht, das, in seiner durchdringenden Eigenschaft zurückgenommen, den Raum hier füllt. Direktes Sonnenlicht hingegen ist erbarmungslos, es leuchtet jeden noch so kleinen Winkel aus. Die Welt wirkt platt und ohne Tiefe im hellen Schein. Darum lasse ich an schönen Tagen manchmal die Rollos runter, was niemand versteht. Ich will nur den Raum zurück, den das grelle Licht genommen hat.

Von der anderen Seite des Parks dringt jetzt lautes Gelächter zu mir. Eine Gruppe junger Leute hat es sich auf dem Rasen gemütlich gemacht und breitet Essen vor sich aus. Unweit davon erblicke ich Patrizia, sie kommt auf mich zu. Ich wende mich nochmals rüber zu den Strahlen: Was ist ihr Geheimnis? Machen sie das Unsichtbare sichtbar, das Licht?

Patrizia* Fast ohrenbetäubend dieses Gelächter.

Vanessa* Lachen sie jemanden aus? Ich kann's nicht richtig deuten.

P Scheint so. Sieh mal. Jetzt steht einer auf – der guckt richtig fies.

* *Fortan werden die Namenskürzel P und V verwendet.*

V Er lacht dem anderen ins Gesicht. – Eigentlich ein spannendes Phänomen: jemandem ins Gesicht lachen. Was passiert da?

P Das ist doch vor allem eine Redewendung. Das tut man ja nicht wörtlich.

V Doch, das gibt es, wie hier beispielsweise oder im Streit.

P Im Sinne von «Ich nehme dich nicht ernst»?

V Ja. Aber auch im Sinne von «Du kannst mir nichts anhaben».

P Stimmt.

V Das Lachen hat dann so was wie eine Schutzfunktion.

P Aber es kann auch Überlegenheit damit ausgedrückt werden. Ich habe das schon in Diskussionen erlebt, wo mein Gegenüber die ganze Zeit gelächelt hat. Das hat mich unglaublich provoziert. Gerade weil etwas von «Ich stehe über allem» und auch «Ich nehme dich nicht ernst» mitschwingt. «Ich streite gar nicht, ich lache doch». Klassisch: Man lässt jemanden auflaufen.

V Gleichzeitig auch eine Abwehr im Sinne von «Du dringst nicht zu mir vor mit dem, was du sagst».

P Ein herzhaftes Lachen steht dem eigentlich völlig entgegen, es ist sogar enorm ansteckend. Wenn z. B. Leute am Nebentisch herzhaft lachen, dann lacht man doch oft mit.

V Genau, obwohl man keine Ahnung hat, warum sie lachen.

P Ich würde sagen, wenn man mitlachen kann, dann ist das ein Zeichen, dass es sich um herzhaftes Lachen handelt. Lachen kann auch sehr störend sein. Kennst du solche Situationen, zum Beispiel bei Meetings, wenn Arbeitskollegen untereinander lachen, um sich nicht unwohl zu fühlen? Es ist dann aber sehr künstlich, ostentativ und angestrengt laut. Es nervt nur. Und das Lachen im Streit, wie du es eben erwähnt hast, ist dann so ein Fratzenlachen. Ein Triumphieren.

V Interessant, wie viele Arten von Lachen es im Grunde gibt. Dabei beginnt alles mit einem Reiz.

P Wie meinst du das?

V Ein Säugling lächelt dich schon sehr früh an. Die Frage ist aber: Hat er auch entsprechende Emotionen?

P Natürlich, er lacht doch aus Freude.

V Das dachte ich bei meinen Kindern auch immer, aber in Wahrheit ist es – zumindest zu Beginn – ein einfaches Reiz-Reaktionsmuster. Der bloße Anblick eines Gesichts löst beim Säugling ein Lächeln aus. Auch formähnliche Dinge wie ein Luftballon werden angelächelt. Gemäß Wissenschaft dient dieses Lächeln dazu, eine Bindung aufzubauen.

P Irgendwie unheimlich. Wenn hinter einem Lächeln keine Freude steckt, was geht da in einem Säugling vor? Ich meine ganz grundsätzlich. Wir Erwachsenen haben immerhin die Sprache, über die wir uns verständigen können, ebenso die Kinder.

V Auch der Säugling kann sich mitteilen. Ziemlich deutlich sogar: Er schreit, wenn er Hunger hat. Er verzieht das Gesicht, wenn ihn etwas schmerzt etc. Klar, hin und wieder sind wir damit überfordert, sein Verhalten zu deuten. Aber bringt uns die Spekulation über sein Inneres in diesem Fall weiter?

P Sicher ist es entscheidend, was wir im Innern eines anderen vermuten. Wir richten unser Verhalten doch auch danach aus. Du würdest dein Baby anders behandeln, wenn du annehmen müsstest, es sei ein Automat und hätte kein Innenleben. Fragst du dich denn nie, was in deinem Gegenüber so vorgeht, z. B. in mir? Ob ich alles immer nur lustig finde ... trotz meines Lachens?

V Ich würde es merken, wenn dein Lachen nicht echt ist.

P Woher willst du das wissen? Du kannst ja nicht in mich hineinsehen.

V Das klingt immer so, als würde dein Körper den Blick auf dich verstellen und als gehöre er nicht zu deinem wahren Wesen.

P Natürlich tut er das. Aber ich habe auch ein Innenleben, das sich nicht zwingend im Körperlichen manifestiert.

V Dann sprichst du dich für einen Dualismus aus – Geist vs. Körper?

P Sagen wir es so: Ich habe eine Welt, zu der du keinen Zugang hast.

V Und wenn ich einen Zugang hätte? Würde ich erschrecken, weil ich plötzlich mit einer anderen Patrizia konfrontiert wäre? Es ist doch wie beim Säugling: Alles, was für mich als dein Gegenüber wichtig ist, ist sichtbar: Du redest, du gestikulierst, du verziehst dein Gesicht, du sitzt aufrecht da, deine Augen sind weit geöffnet. Du gibst ständig dein Inneres preis, ob du willst oder nicht.

P Dennoch: Du kannst nicht wissen, wie es sich in mir anfühlt. Mein Inneres und das, was du an mir wahrnimmst, müssen sich eben nicht immer entsprechen.

V Vielleicht störe ich mich genau an dem: an dieser Vorstellung, dass der Mensch in ein Inneres und ein

Äußeres zerfällt, wobei auch noch das Innere für andere verborgen sein soll. Dabei durchdringt sich doch alles gegenseitig. –

Ich stelle es mir so vor: Das Innere ist nach außen hin geöffnet und das Äußere eine Membran, die gleichsam das Innere atmet.

P Das Innere ist doch per se für andere verborgen.

V Aber wenn es für mich per se verborgen ist, dann ist es für mich doch vernachlässigbar. Wenn ich ohnehin nichts darüber wissen kann, warum mir dann Gedanken darüber machen?

P Ganz einfach: Das, was du siehst, kann dich täuschen.

V Warum hat eigentlich das Sichtbare so einen schlechten Stand? Warum misstraut man ihm?

P Weil es einen dazu verleitet, voreilige Schlüsse zu ziehen? Schein und Sein?

V Klar, Leute machen sich gegenseitig was vor, lügen, betrügen etc.

P Genau – und das kannst du nicht einfach ignorieren. Es hat einen Einfluss auf dein Leben, ob man mit dir ehrlich umgeht oder nicht. Wenn jemand zum Beispiel vorgibt, sich für deine Arbeit zu interessieren, nur um an eine Information zu gelangen, dann fühlst du dich doch betrogen und wirst der Person aus dem Weg gehen.

V Ja, aber es liegt in meiner Hand, wie sehr ich mich blenden lasse oder nicht, wie rasch ich zum Beispiel Schlüsse über die Absichten ziehe, wie du eben selbst gesagt hast. Dabei ist das Sichtbare selbst nicht an sich trügerisch, es ist, wenn man so will, schließlich alles, was ich habe.

P Du kannst noch so kritisch durch die Welt gehen: Leute können dich dennoch hinters Licht führen und du merkst es nicht.

V Da hast du recht. Aber – vielleicht will ich auf das hinaus – wenn dir jemand was vormacht, dann läuft in seinem Innern nicht noch ein anderer Film ab, sozusagen der wahre Film. Die Rolle, die er spielt, ist in dem Moment doch genauso echt. Es gibt nicht eine Welt davor und eine Welt dahinter.

P Du meinst, der Schein als Oberflächenphänomen existiert gar nicht?

V Ja, in gewisser Weise ist der Schein einfach eine weitere Form des Seins, im Realitätsgrad nicht minderwertiger als das «wahre» Sein.

P Das hat was. Es gibt ja auch Leute, die leben für den Schein, die wollen überall und jederzeit irgendeinen Schein wahren. Und dahinter ist gar nichts.

V Genau – und mit all dem digitalen Firlefanz von heute trifft das wohl auf ganz viele zu. Auch in dieser Hinsicht macht für mich die Unterscheidung Schein und Sein nicht mehr wirklich Sinn.

P Der Schein wird zum neuen Sein.

V Kleinkinder kennen das Konzept des Scheins auch eine Weile lang nicht. Als unsere Tochter ungefähr ein

Jahr alt war, stimmte sie, kaum lachten wir anderen über etwas, ebenfalls in ein Lachen ein. Aber zu sagen, sie tat nur so, als ob sie es lustig fände, wäre nicht zutreffend gewesen, sie konnte ja nicht mal wissen, weshalb wir lachten.

P Ist das nicht eben der Nachahmungseffekt?

V Ich glaube, es ist das Soziale des Lachens. Wie du vorhin gesagt hast: Das herzhafte Lachen ist ansteckend, aber auch inkludierend. Du willst dazugehören. Wenn du außerhalb einer lachenden Menschengruppe stehst, dann fühlst du dich doch sofort ein bisschen ausgegrenzt, auch wenn sie nicht über dich lachen.

P Für dich hat das Lachen also im Wesentlichen einen sozialen Aspekt.

V Einen sozialen und verbindenden. Wenn du mit jemandem zusammen lachst, dann fallen doch alle Berührungsängste, alle Hemmungen. Man fühlt sich gerade enorm vertraut, auch wenn man die andere Person vielleicht gar nicht so gut kennt.

P Das stimmt. Man hat irgendwie einen tiefen Konsens, einen sehr tiefen, viel tiefer als so einen, den man über das Gespräch erlangen kann. Im Lachen versteht man sich unmittelbar. Es verbindet einen etwas Elementares.

V Was ist es?

P Vielleicht die Sicht auf die Welt oder das Gefühl, in der Welt zu sein ...

V Es fühlt sich an wie ein Pakt, als teilte man in dem Moment eine geheime Erkenntnis.

P Interessant ist auch, wenn das Verbindende nicht vorhanden ist. Zum Beispiel wenn dir jemand irgendwelche doofen Videos schickt, die dir nichts sagen. Oder wenn du mit jemandem einen Film guckst und die Person lacht an einer Stelle, die du gar nicht lustig findest.

V Solche Vorfälle befremden mich, ich fühle mich dann gerade sehr weit weg von der anderen Person.

P Darum lacht man doch manchmal trotzdem mit: um dieser unangenehmen Situation zu entkommen oder dem anderen die Scham zu ersparen.

V Stimmt. Es kann beschämend sein, wenn man als Einziger lacht. Als wäre man ertappt worden.

P Das, worüber man lacht, verrät eben vieles über einen selbst. Es erzählt, ohne dass man es vielleicht möchte, mehr darüber, wie man die Welt sieht.

V Es gab doch früher diese Sendung «Pleiten, Pech und Pannen». Dort brachten sie in Endlosschleife Videos wie diese: Ein Kind hüpft vergnügt auf einem Trampolin, alles ganz harmonisch, dann springt es ein weiteres Mal hoch – und landet überraschend auf der Wiese. Alle lachen laut auf. Obwohl es für die betroffene Person im Video alles andere als lustig ist, diese sich sogar wehtut. Ist es Schadenfreude? Warum lacht man da?

P Vielleicht ist es für Leute, die eher angespannt und sehr darauf bedacht sind, dass ihnen kein Fehler unterläuft, erleichternd zu sehen, dass anderen Dinge auch missglücken.

V Dann lacht man, weil man sich überlegen fühlt?

P Ja – oder es ist wie eine Katharsis: Es ist befriedigend zu sehen, dass anderen im Leben auch Schlechtes widerfährt.

V Es könnte auch der berühmte Überraschungseffekt sein: Man lacht, weil die Landung auf der Wiese so unerwartet kommt – oder weil man gerade nicht lachen sollte? Ich erinnere mich: Wenn ich in der Schule vor die Tür musste, dann weil ich nicht aufhören konnte zu lachen – und das nur, weil ich wusste, ich darf jetzt nicht lachen.

P Ich kenne das bei Schreckensnachrichten, bei Dingen, die ich ganz schlimm finde, dass ich da ein Lachen unterdrücken muss. In solchen Fällen aber hat das Lachen einen psychologischen Effekt: Es dämpft den Schrecken. Es verhindert wortwörtlich, dass man überwältigt wird. Das geschieht fast automatisch bei mir.

V Stimmt, manche lachen ja auch, wenn sie unter Schock stehen. Lachen scheint in solchen Situationen das einzige Mittel zu sein, dem Erlebten irgendwie beizukommen oder, wie du eben sagtest, sich die Welt vom Leib zu halten. – Apropos: Warum lacht man eigentlich bei schwarzem Humor? Er geht ja ans Äußerste. Ist es die Grenzüberschreitung, die einen da reizt?

P Ich glaube, der schwarze Humor sorgt mit seinen Tabubrüchen für enorme Erleichterung. Indem er Dinge, die niemand an- oder auszusprechen wagt, in den Raum stellt, nimmt er ihnen deren Schwere. Zum Beispiel Witze über den Tod.

V Und er fordert uns im Denken heraus, weil er mit dem bricht, was wir uns ungeahnt als Grenze gesetzt haben. – Ich bin ja ein großer Fan von schwarzem Humor, manchmal mag ich es aber auch kindisch.

P Was meinst du mit «kindisch»?

V So alberne Blödeleien. Manche würden denken, mein Humor sei in den Kinderschuhen stecken geblieben.

P Schämst du dich dafür?

V Im Gegenteil. Oft dreht es sich bei solchen Blödeleien um Dinge, die in der Erwachsenenwelt enorm schambehaftet sind. Sich darauf einlassen bedeutet eben, diese Scham zu überwinden. Und das ist sehr befreiend.

P Verstehe. Spannend wiederum ist, dass man auch dann lacht, wenn man sich schämt.

V Du meinst das Verlegenheitslachen?

P Ja. Viele Leute lächeln doch, wenn sie verlegen sind. Man hofft irgendwie, das Schamgefühl dadurch zu kaschieren oder es weglachen zu können. – Wenn wir schon beim Lachen sind: Sieh mal. Jetzt hat er sie zum Lachen gebracht.

Patrizia deutet zu dem Mann und der Frau hinüber, die sich vor einer Weile auf der anderen Bank neben uns eingerichtet haben.

V Das Eis ist gebrochen.

P Man kann sich doch zu Recht fragen: Passt man zusammen, wenn man nicht den gleichen Humor hat? Ist

Humor vielleicht wirklich so elementar wie der Geruch, die Sexualität?

V Ich würde sagen: Ja. Das scheint auch die Allgemeinheit zu bestätigen, wenn man den unzähligen Umfragen zu Partnerschaft und Liebe glaubt. Ich finde es zwar immer ein bisschen einfallslos, an dieser Stelle den Humor zu nennen.

P Immerhin besser als die schönen Hände. Die irritieren mich immer.

V Die schönen Hände?

P Dass Frauen Männer mit schönen Händen haben wollen.

V Ach so. – Verstehe ich auch nicht. Ich achte nicht mal drauf.

P Anmaßend finde ich ebenfalls die Forderung: «Er muss mich zum Lachen bringen.»

V Als wäre der Mann ein Dienstleister?

P Genau, im Sinne von «Wenn du das hinkriegst, dann gebe ich grünes Licht.» Aber der Volksmund sagt schließlich: «Bringst du eine Frau zum Lachen, dann hast du sie schon halb für dich gewonnen.»

V Kommt da nicht eben das verbindende Element des gemeinsamen Lachens zum Tragen? Und dass damit Berührungsängste fallen?

P Gemeinsam über etwas lachen können ist für mich was anderes, als jemanden zum Lachen zu bringen. Letzteres ist eigentlich reine Verführungskunst.

V Stimmt. – Aber warum ist es vielen Frauen daran gelegen, dass er sie zum Lachen bringt?

P Lustig ist ja: Ein Mann würde das nie sagen. Stell dir einen Typen vor, der sagt: «Sie muss mich zum Lachen bringen.» Geht nicht, oder? Das zeigt einmal mehr, dass Frauen und Männer andere Wünsche in eine Beziehung bringen.

V ... und dass der Humor scheinbar weniger auf der Seite der Frau angesiedelt ist.

P Genau, dahinter steckt eigentlich etwas sehr Konservatives: Eine Frau, die dich zum Lachen bringt, hat etwas Anrüchiges, Kumpelhaftes oder etwas Tollpatschiges, es passt nicht ins Bild einer femininen Frau mit Klasse. Eine Femme fatale bringt dich nicht zum Lachen.

V Wenn, dann bringt sie dich in Rage. – Aber zurück: Wenn er sie zum Lachen bringt, was geschieht da mit ihr?

P Die Frau ist ja immer ein bisschen auf der Hut und wenn er es hinkriegt, sie zum Lachen zu bringen, dann hat sie vielleicht Vertrauen gefasst und kann sich ihm öffnen.

Eine Weile schauen wir schweigend dem Mann und der Frau zu. Nun hat auch er zu lachen begonnen.

P Es ist erschreckend, wie wenig ich lache.

V Woran liegt das? Ist die Bereitschaft nicht vorhanden, sich auf gewisse Dinge einzulassen? Oder geraten wir ganz einfach seltener an lustige Menschen, Situationen oder Momente?

P Es gibt nichts mehr zu lachen. (*lacht*)

V Hast du es schon mal mit einem Lachseminar versucht?

P Ernsthaft? – Ich habe mal eine Doku darüber gesehen. Es scheint tatsächlich zu funktionieren. Man kann das Lachen künstlich erzeugen, ohne dass man etwas lustig findet oder amüsiert ist, sondern nur indem man das Gesicht verzieht und sich von den anderen Teilnehmenden anstecken lässt.

V Siehst du: Dieses Beispiel zeigt sehr schön, dass «Äußeres» und «Inneres» nicht strikt voneinander zu trennen sind, sondern ineinandergreifen. Man setzt ein Lachen auf, tut quasi äußerlich was, und anschließend nimmt es im Innern Form an.

P Stimmt. Aber wenn ich bloß durch Betätigung der Muskulatur im Gesicht ein Wohlbefinden in mir auslösen kann, warum sollte ich mir dann noch lustige Dinge ansehen oder auf ein Gegenüber angewiesen sein, das mich zum Lachen bringt?

V Ist es denn der einzige Zweck des Lachens, ein Wohlbefinden in dir auszulösen?

P Gute Frage: Was ist der ursprüngliche Zweck des Lachens?

V Du meinst, wie es sich beim Menschen etablieren konnte? Wie ich bereits vorher sagte, hier sehe ich vor allem die soziale Funktion des Lachens am Werk: Lachen verbindet ungemein, es fördert das Gefühl von Zusammengehörigkeit. Um im Beisein von anderen lachen zu können, musst du loslassen und das wiederum heißt, du musst vertrauen. In dem Moment, wo du herzhaft lachst, machst du dich in gewissem Sinne schutzlos. Gleichzeitig signalisierst du damit: Hey, ich vertraue dir.

P Stimmt, zu lachen bedeutet eigentlich: die Waffen ablegen. Wer lacht, kommt in Frieden.

V Das geschieht ja bereits, wenn eine fremde Person zu dir sieht und du lächelst, dann lächelt die Person doch meistens zurück und deutet damit an: Es ist alles in Ordnung, ich wollte nichts Böses.

P Für mich hat das Lachen aber noch eine ganz andere Funktion: Lachen ist eine Form des Ausstandes. Ein Aussetzer. Meistens ist man im Alltag funktional unterwegs, nicht aber, wenn man lacht. Auch entzieht es sich der Logik, man lacht ja selten über Dinge, die logisch sind, sondern über Dinge, die es gerade nicht sind.

V **Du hast recht: Es ist, als würde man irgendwo ausbrechen, als wären für einen kurzen Moment alle Gesetze aufgehoben. Darum fühlt sich das Lachen meistens so befreiend an. Man schüttelt wortwörtlich alles Gefestigte und Starre von sich.**

P Es entzieht sich eben dem Alltags-Gefüge, ähnlich wie zum Beispiel über den Sinn des Lebens nachzudenken oder über den Tod …

V **… oder wie Sex zu haben, jetzt mal losgelöst von der Fortpflanzung. Damit nimmt man sich doch auch aus allem raus, man streikt, man legt das Leben nieder – das Leben, verstanden als das Aufrechterhalten von Funktionen.**

P Spannend, dass du das jetzt erwähnst. Denn wenn ich es zu Ende denke, dann liegt am Grunde jedes Lachens ein Lachen über den Tod und die Sterblichkeit. Das Lachen ist für mich die einzige Form, um dem Tod die Ernsthaftigkeit zu nehmen.

V Du meinst, weil es nur so von Vitalität und Gesundheit strotzt, das Lachen? Ein sterbender Mensch, der lacht, ist voller Leben?

P Das auch, aber ich meine hier mehr das Lachen im Sinne eines Triumphs. Spannend finde ich auch: Es gibt Kulturen, die lachen bei Beerdigungen, damit der Tod nicht auf sie übergeht.

V Den Tod weglachen …

P Ja, lachen quasi als einziges Gegenmittel.

V Das trifft sich mit dem, was ich zu Beginn gesagt habe: jemandem ins Gesicht lachen als gleichzeitige Immunisierung – dem Tod ins Gesicht lachen.

P Darum hat das Lachen doch auch etwas Transzendentes. Man transzendiert in gewisser Weise das Leben und seine Gesetzmäßigkeiten.

– Gut, wenn ich es mir recht überlege, das, worüber wir lachen, folgt ja auch einer eigenen Gesetzlichkeit. Man findet ja nicht willkürlich etwas lustig.

V Interessant in diesem Zusammenhang finde ich das entlarvende Moment, das beim Humor häufig wiederkehrt. Man lacht, weil etwas nicht mit dem übereinstimmt, was man erwartet hat, wie im Fall des Trampolinvideos. Humor wirft dich auf deine Vorurteile zurück, kurz: Er führt dich vor. Humor erweitert sozusagen deine Selbsterkenntnis.

P Darum schwingt doch auch eine Komponente der Verwunderung, des Staunens mit. Man realisiert beispielsweise am Ende eines Wortwitzes, der mit der Mehrdeutigkeit eines Wortes spielt: Stimmt! Man kann dieses Wort auch so verstehen.

V Es braucht also Humor, um Dinge wieder sichtbar zu machen, die eigentlich immer schon da waren.

In der Zwischenzeit ist das Gelächter verstummt. Auf dem Rasen zeugen einzig die Abdrücke noch von der Gruppe, die sich kurz zuvor hier vergnügt hat. Dunkle Erde schimmert da und dort zwischen den geknickten Grashalmen hindurch. Ich wende mich rüber zur anderen Bank. Der Mann und die Frau flüstern sich etwas zu und sehen andächtig hinauf zu den Bäumen.

P Sieh, ihre Hände.

Mein Blick fällt auf ihre Hände. Sie berühren sich. Endlich.

Ist das Schrott?

Patrizia

Fast 300 Stände sollen hier stehen. Eigentlich erstaunlich für diesen kleinen Platz. Etwas verloren zwänge ich mich durch die Menschenmenge hindurch und halte Ausschau nach Vanessa. Zwischendurch bleibt mein Blick immer wieder einmal auf einem Gegenstand haften. Hier wird alles Mögliche verkauft, über Plastikschrott bis hin zu wertvolleren Antikmöbeln.

Ich steuere den Vinylplatten-Stand an, wo ich nur halb interessiert in einer alten Kartonschachtel liegende Platten durchsehe. Eine von Bob Dylan nehme ich schließlich in die Hand und sehe mir die Rückseite an. Plötzlich spricht mich der Händler an. Ich muss zweimal hinsehen, da er auf den ersten Blick fast selbst wie ein Rockstar aussieht. Eine Gemeinsamkeit, die – wie mir scheint - viele Plattenverkäufer teilen. «Wenn du drei davon kaufst, mache ich dir einen Extrapreis!» Ich nicke freundlich, lege die Platte aber wieder zurück, als er sich von mir abwendet, und gehe weiter.

Flohmärkte waren nie wirklich meins. Einerseits beschleicht mich das Gefühl, dass ich – gerade weil vieles billig ist – auch etwas kaufe, das dann bei mir zu Hause ungebraucht nur rumliegt. Andererseits habe ich Mühe damit, dass ein Preis verhandelbar ist. Da bin ich oft zu gehemmt, mich über einen ohnehin schon niedrigen Preis mit dem Händler zu unterhalten. Auch ist mir das manchmal viel zu persönlich. Ich will einkaufen, ohne einen aufwendigen Diskurs mit dem Verkäufer zu halten und so auch meine dürftigen Verhandlungsfähigkeiten präsentieren zu müssen.

Man findet hier vorwiegend Plastikobjekte jeglicher Art. Sie leuchten zwar in bunten Farben, nimmt man sie aber in die Hand, sieht man, dass viele davon beschädigt sind.

Es ist heiß für die Jahreszeit und es scheint, als hätte sich die ganze Welt heute hier eingefunden: allerlei Leute, an Gehstöcken, in Rollstühlen, zu zweit, allein, mit kreischenden Kindern und gerade hätte mich fast ein Kinderwagen seitlich gerammt. Etwas ausgelaugt und mich fragend, warum wir uns heute gerade hier treffen mussten, erblicke ich Vanessa von Weitem: Sie steht bei einem Spielwarenstand – auch dieser vorwiegend mit Plastikprodukten gespickt. In der Hand hält sie einen hellgrünen Sandkastenrechen. Ich stelle mich daneben und greife nach dem danebenliegenden Eimer.

P Schau mal, auch hier steht wieder «Made in China». Nichts als Schrott hier … wer soll das bitte alles kaufen?

V Hast du viel Schrott um dich herum?

P Zählt emotionaler Schrott auch dazu?

V (*lacht*) Was soll emotionaler Schrott denn sein?!

P Etwas mit sich herumtragen, das man schon lange hätte entsorgen müssen, eben weil es Schrott ist. Eine alte Geschichte, ein ungutes Gefühl, Ressentiments …

Sobald man ja etwas als Schrott bezeichnet, stellt sich sogleich die Frage: Warum ist es denn noch da?

V Es gibt aber zwei Bedeutungen von Schrott, nicht? Einmal meint man damit etwas, das nicht mehr brauchbar ist …

P Abfall?

V Ja, ein Gegenstand, der zum Beispiel kaputtgegangen ist.

P Und die andere Bedeutung?

V Die würde eher in deine Richtung gehen.

P Ballast?

V Ja, im Sinne von Billigprodukten wie der Gratis-Propellerflieger aus Plastik, den du letzthin meinem Sohn mitgebracht hast. Die sind von Anfang an schon Schrott gewesen, sie sind nicht erst zu Schrott geworden.

P Dennoch, diese Propeller haben ihren Dienst erfüllt. Dein Sohn hatte ja große Freude daran ... auch wenn sie aus billigem Material gemacht sind und nach einmaligem Gebrauch fast schon kaputt waren.

V *(lacht)* Es bleibt aber Schrott. Wir wissen doch beide, was wir meinen, wenn wir etwas als Schrott bezeichnen, nicht?!

P Dein Sohn würde die Propellerflieger nicht als Schrott bezeichnen ... damit will ich sagen: Gibt es denn per se Schrott?

V Du meinst, ob es objektiv Schrott gibt? Ich würde das ganz klar bejahen. Für mich bedeutet Schrott, wie ich es in der zweiten Bedeutung bereits erwähnt habe: wenn ein Produkt qualitativ sehr schlecht ist, billig hergestellt wurde oder dessen Funktion nur von kurzer Lebensdauer ist.

P Mein Haargummi, das ich trage, finde ich auch Schrott, weil es, kaum gekauft, schon ausfranst. Wenn ich aber darüber nachdenke, ist es unpassend, hier von Schrott zu sprechen. Braucht es dafür nicht Plastik, Metall oder Ähnliches?

V Stimmt. Schrotthaufen sind ja beispielsweise auch verschrottete Autos, also Metall ... Schrott wäre hier gemäß erster Erklärung etwas, das sich verbraucht – sich verbraucht hat.

P Aber verbraucht sich nicht alles einmal? Wird alles mal zu Schrott?

V Das gilt aber nur für Gebrauchsgegenstände ... verbraucht sich ein Stein? Wohl eher nicht.

P Doch! Denk mal an die Erosion, die sich beispielsweise an Steinen im Flussbett der Maggia zeigt.

V Das hat aber nichts mit «sich verbrauchen» zu tun.

P Materiell gesehen aber schon.

V Der Stein verändert sich, doch «verbraucht er sich» deswegen?

P Wie definierst du «sich verbrauchen»?

V Das Objekt nimmt in seiner Existenz ab.

P Und wie sieht es da beim Menschen aus?

V Trifft natürlich auch zu.

P Hat man da nicht Hemmungen, von «sich verbrauchen» zu sprechen?

V Man kann noch so viel Sport betreiben, wenig Alkohol trinken, sich gesund ernähren und so weiter – Fakt ist: Man nützt sich ab, man verbraucht sich. Hast du etwa noch nie über jemanden gesagt: Der sieht aber «verbraucht» aus!

P Klar. Aber ich würde es dem Alter zuordnen. Ich sehe den Entwicklungsbogen vom Säugling bis zum Greis. Wenn du beim Menschen von «verbraucht» sprichst, so müsste es einen Originalzustand gegeben haben, bei dem der Mensch noch «unverbraucht» gewesen wäre. Welcher wäre das?

V Beim Produkt ist es simpel: noch in der Packung drin, direkt von der Produktion kommend. Das ist der Urzustand. Und dann wird es gebraucht, verbraucht durch unser Benutzen.

P Und beim Menschen?

V Da beginnt eigentlich auch von Anfang an eine Art Abnutzung, nicht?

P Mhm ... Biologisch gesehen stimmt das wohl. Gesellschaftlich gesehen trügt uns wohl die Tatsache, dass wir zuerst laufen lernen, sprechen etc., und sich deshalb das «Sich verbrauchen» erst im Alter zu zeigen scheint.

V Die Wahrheit ist aber, dass von dem Moment an, in dem man auf die Welt kommt, man auch gleichzeitig beginnt zu sterben … ein unheimlicher Gedanke.

P Ja, alles, was sich in die Zeit einschreibt, stirbt. Wie eine Sanduhr, die du umkehrst: Das Leben fließt – unaufhaltsam und unerbittlich. Der Sand fällt kontinuierlich von der oberen in die untere Kammer als Symbol für die Zeit, die vergeht – oder eben für die Tatsache, dass man seit Anbeginn des Lebens stirbt.

Vielleicht muss ich den Moment, in dem die Sandkörner durch die Engstelle fallen, betrachten. Das ist das Jetzt, der gegenwärtige Augenblick, der so flüchtig ist. Und jeder Moment, den ich erlebe, ist wie ein Sandkorn, das unwiderruflich gefallen ist. Aber was bedeutet das für unser Verständnis von Leben und Tod? Ist der Tod einfach das Ende, wenn die Sanduhr leer ist?

V Zurückkommend auf die Gebrauchsgeräte: Ist das nur negativ? Die Funktion vieler dieser Produkte ist ja gerade darauf ausgerichtet, sich schließlich zu verbrauchen.

P Da kommt mir ein extremes Beispiel in den Sinn: der Radiergummi. Seine ganze Existenz, wenn du so willst, besteht doch darin, dass er sich bei Gebrauch sogar ganzheitlich «auflöst».

V Stimmt. Aber leben wir nicht auch in einer Zeit, wo wir das einfach so als selbstverständlich hinnehmen?

P Denkst du da an die «Wegwerfgesellschaft»?

V Ja. Ist es nicht erstaunlich, wie viel wir täglich wegwerfen? Was sagt das über unsere Gesellschaft aus?

P Wenn wir alles als wegwerfbar betrachten, spiegelt das vor allem eine gewisse Missachtung der Ressourcen, die uns zur Verfügung stehen, wider.

V Absolut. Es ist zwar ein Klischee, aber ernsthaft: Hat man früher den Dingen nicht viel mehr Sorge getragen, sie frühzeitig repariert und so haben sich die Dinge viel weniger oder weniger schnell verbraucht?

P Es sind nicht nur die Menschen, die weniger sorgfältig mit den Dingen umgehen, sondern vieles hat schlichtweg eine schlechtere Qualität als früher. Man hatte keine Mittel, sie so billig herzustellen, wie man es heutzutage machen kann. Hat man heute andere Standards?

V Sicherlich. Bis vor Kurzem hat der Staubsauger meiner verstorbenen Großeltern in der Ferienwohnung im Bündnerland noch funktioniert. Stell dir vor, der war 50 Jahre alt! Wir mussten ihn entsorgen, weil Migros keine Staubbeutel dieses Modells mehr herstellt.

P Nicht nur die Produkte sind schnelllebig geworden – wir selbst sind auf diese Art von Konsum aus. Ich erinnere mich noch an meine Nachbarn im Dorf, wo ich aufgewachsen bin. Sie waren aus der ehemaligen Tschechoslowakei geflüchtet. Jedes Produkt wurde bis aufs Letzte gebraucht oder dann umfunktioniert: Abgeschnittene Regenstiefel dienten als Gartenschuhe, Löcher in den Unterhosen wurden unzählige Male gestopft …

V Krass. Von dem sind wir weitgehend weggekommen. Heute kann man durch alle sozialen Schichten hindurch immer wieder Neues kaufen.

Warum fühlen wir uns ständig gezwungen, neue Dinge zu kaufen, selbst wenn die alten noch funktionstüchtig sind?

P Materialismus? Zumindest, so wie wir es in vielen modernen Gesellschaften kennen ...

V Meinen wir, uns dadurch auch erneuern zu können? Was macht eine neue Hose, ein neues Kleid mit uns?

P Vielleicht. Aber vor allem wird der ständige Konsum oft als einziger Weg zum Glücklichsein gesehen, obwohl er wohl langfristig weder den Einzelnen noch die Umwelt zufriedenstellt.

V Heute herrscht bei vielen auch der Wunsch vor, immer auf dem Laufenden zu sein. Wollen sie damit zeigen, dass sie mit der Zeit gehen? Für mich hat das immer etwas Skurriles: Da sind plötzlich Schuhe mit so fetten Sohlen in – ich persönlich finde sie alle hässlich – und alle tragen solche! Hat denn niemand einen eigenen Geschmack?

P Haha! Ich kann dich so gut verstehen. Auch weil ich mich schwertue, überhaupt neue Stile auszuprobieren. Ich bleibe meinem Geschmack da meistens treu.

V Erinnerst du dich noch an die Konsumenten, die vor einem Geschäft campierten, weil sie das neueste Handymodell, Game oder sonst ein Gadget ergattern wollten?

P Gibt's das heute etwa noch? Aber da geht es auch um das Happening, ums Marketing: dass ein Produkt genau auf diesen Tag hin erscheint und dieser Moment wird dann gefeiert. Man will, dass die Schar da ist, und erzeugt auch absichtlich eine künstliche Verknappung des Produkts oder seines Vertriebs.

V Trotzdem erstaunlich, wie sehr sich das Konsumverhalten verändert hat. Meine Großeltern waren nicht arm, verschnitten aber alte Telefonbücher, um sie als Toilettenpapier zu benützen.

P Warum haben sie das getan, wenn es ihnen nicht an Geld gemangelt hat?

V Genau weiß ich es auch nicht. Ich nehme an, das war zurückzuführen auf die Kriegszeiten, die sie erlebt haben. Zudem wollte man sicherlich damals alles verwerten und nicht einfach wegwerfen, was noch als Fremdzweck, wie hier Toilettenpapier, dienen konnte.

P Wenn du aber prinzipiell nichts mehr wegwirfst, läufst du doch auch Gefahr, Schrott um dich herum anzuhäufen, nicht?

V Du meinst, anstatt etwas umzunutzen, es einfach zu horten?

P Ja, genau. Das eine Extrem ist unsere Konsumgesellschaft oder besser gesagt unsere «Wegwerfgesellschaft» und das andere Extrem wäre eben, alles ewig zu behalten ...

V Woran denkst du da?

P Beispielsweise an einen Plastiklöffel, den man in der Bäckerei zum Müsli dazubekommt. Warum behält man den zu Hause in der Küchenschublade?

V Weil man ihn nochmals nutzen möchte?

P Aber man benutzt ihn ja nicht – angenommen, er liegt seit Jahren in der Schublade. Man hat ja Besteck zu Hause und es ist auch nicht diese Art Kinder-Plastiklöffel, die eine gute Qualität aufweisen und die man dann allenfalls zu einem Picknick mitnehmen könnte.

V Vielleicht überwiegt der Gedanke: Den kann ich mal wieder gebrauchen. Oder ist es gar ein Umweltgedanke?

P Genau das bedeutet doch, Schrott anzuhäufen! Ich gebe zu, auch ich habe manchmal diesen Gedanken, etwas Unbrauchbares horten zu wollen, verwerfe den aber schnell, weil ich keinen «Abfall» zu Hause ansammeln will.

V Ja, aber du könntest ihn nochmals brauchen, dann ist es eben gerade nicht Abfall.

Vielleicht wird er einmal Abfall, irgendwann wirfst du ihn ja trotzdem weg. Die Frage ist nur: Wann?

P Vielleicht, wenn man aufräumt? So gesehen hat die «Wegwerfgesellschaft» auch wieder etwas Positives.

Entweder schmeißt du Dinge auch immer wieder weg oder du konservierst, bleibst aber dafür statisch …

Wie meine Mutter zu sagen pflegte: «Renovarse o morirse», was so viel bedeutet wie: Erneuere oder sterbe. Das erinnert mich an das Gefühl, wenn man Möbel umstellt. Es verändert die ganze Atmosphäre eines Raums, obwohl die Möbelstücke dieselben bleiben. Vielleicht ist das Leben ähnlich: Wir können die Bedeutung verändern, indem wir unsere Perspektive ändern.

V Ja, die Leute gibt es, die noch so leben wie vor 40 Jahren. Aber vielleicht würden sie folgendermaßen argumentieren: Das taugt ja noch, warum sollte ich es ersetzen?

P Das Problem sehe ich weniger in den alten Möbeln, die man seit eh und je hat, wie ein altes Sofa oder Bett, sondern wenn beispielsweise eine kleine Dekorationsfigur voller Staub seit Jahrzehnten um keinen Millimeter verrückt wurde.

V Eine sehr spannende Frage … hat das wirklich mit Stillstand zu tun oder nicht?

P Wann können Gegenstände geisterhaft wirken? Wenn sie doch regungslos wie in einer Grabstätte um dich herum sind und du bist das einzige Lebendige darin …

V Eine Grabstätte? Das klingt ziemlich düster. Wie meinst du das?

P Na, selbst ein Stuhl kann unheimlich auf mich wirken, wenn er Jahrzehnte oder gar Jahrhunderte lang nie bewegt wurde. Das erlebe ich auch gelegentlich in alten Hotels oder dann in musealen Schlössern, wo man sich dann denkt: Puh, diese Gegenstände stehen jetzt 100, 200 Jahre oder schon länger da, ohne jemals bewegt worden zu sein.

V Wenn ich dich richtig verstehe, geht es dir darum, dass diese Dinge einfach so unbenutzt dastehen?

P Nein. Für mich besteht das Unheimliche eher darin, dass die Gegenstände nie bewegt wurden, weniger darin, dass man sie nicht gebraucht hätte. Wenn ich einen alten Stuhl zwischendurch mal kurz in die Hand genommen und woanders hingestellt, mich aber nicht daraufgesetzt hätte, fände ich es weniger tiefgreifend. Das Unbewegte ist dasjenige, was für mich «tot» ist.

V Und wie sieht es aus, wenn du dich auf den Stuhl setzt, ihn aber nicht bewegst?

P Bleibt leblos, geisterhaft.

V Interessant, dann hat es bei dir wirklich nichts mit dem Nutzen zu tun.

P Ja, genau. Mich auf einen seit ewig am selben Platz stehenden Stuhl zu setzen, bleibt unheimlich, weil ich mich dann sozusagen sogar in den Tod hineinbegeben würde.

V Also in diese Szenerie, die eingefroren ist, meinst du? Dir geht es also um deine Wirksamkeit? Du willst einwirken, verändernd wirken auf deine Umgebung, die außerhalb von dir ist.

P Ja. Vielleicht könnte man regelmäßig seine Umgebung verändern, um dieser Stagnation zu entkommen. Lebendigkeit als Bewegung und Tod als Starre.

V Das hast du treffend gesagt. Unveränderte Gegenstände in einem Raum haben ja auch schon fast etwas «Unberührtes» im Sinne von etwas «Heiligem» – man hat sie nie berührt, wenn man so will ...

P Warum nicht?

V Vielleicht, weil diese Dinge Teile unserer Vergangenheit, Teile von uns, die vielleicht schon «gestorben» sind, repräsentieren? Sie stellen Erinnerungen dar, die für uns bedeutungsvoll sind. Wir sehen an ihnen empor, haben eine gewisse Ehrfurcht ihnen gegenüber.

P Interessanter Gedanke. Also siehst du die Wohnung als eine Art Erinnerungsarchiv mit einzelnen «heiligen» Objekten?

V Ja, genau. Vielleicht merkst du auch gar nicht mehr, dass diese Gegenstände noch da sind, weil sie immer an derselben Stelle sind und du sie nie mehr berührt hast?

P Und wenn sie nicht mehr da sind? Letzthin wollten meine Eltern alte Dinge entsorgen. Ich habe geholfen auszusortieren. Als ich aber – wie wir sie jetzt gerade genannt haben – «unberührte», verstaubte Dekorationsfiguren wegschmeißen wollte, wehrten sie sich vehement dagegen. Ich hatte Hemmungen, aber einzelne kaputte davon habe ich trotzdem weggetan. Sie haben deren Abwesenheit bis heute nicht bemerkt ...

V Haha, witzig! Viele Leute finden in dieser «unberührten» Lebensumgebung auch unendlich großen Halt. Kaum weicht etwas ab, bedeutet das Kontrollverlust und gerade, wie in deinem Beispiel, empfindet man Fremdeinwirkung so oder so als Kontrollverlust, da man es nicht mehr selbst in der Hand hat.

P Aber dem ganzen Leben gegenüber hat man schließlich doch keine Kontrolle. Du weißt zwar nicht, wann es fertig sein wird, aber dass es mal fertig ist, das weißt du.

V Dann ist es doch nur verständlich, dass man immerhin über die Gegenstände in seiner Wohnung eine Kontrolle haben möchte?

P So gesehen, symbolisieren Möbel, die fest an einem Ort stehen und nicht bewegt werden, eine gewisse

Beständigkeit. Diese Unveränderlichkeit kann man auch auf das Leben und den Tod übertragen.

V Du meinst also, dass unverrückte Objekte eine Art Metapher für den Tod sein könnten?

P Genau. Und nicht im Sinne einer «toten» Umgebung wie dieser einen Grabstätte. Sondern als Symbol für den Tod, der schließlich das ultimative unverrückte Ereignis in unserem Leben ist.

V Also, so wie fest verankerte Möbel nicht verschoben werden, so ist auch der Tod ein unumstößliches Faktum?

P Ja, genau. Beide vermitteln ein Gefühl von Endgültigkeit.

V Das ist eine interessante Perspektive. Ich denke, es könnte auch die Stabilität des Todes symbolisieren. Während das Leben ständig in Bewegung ist, scheint der Tod eine Ruhe zu bringen.

P Ja, das sehe ich auch so. In einer Welt, die ständig im Wandel ist und dauernd neue Konsumgüter produziert, bietet der Tod eine seltsame Form der Stabilität. Unverrückte Möbel könnten uns daran erinnern, dass es gewisse Dinge gibt, die nicht verändert und erneuert werden sollen, egal wie sehr wir uns anstrengen.

V Diese Möbel könnten auch eine Art Trost sein, nicht? Wenn alles andere im Chaos versinkt, bleibt zumindest diese eine Sache konstant und unverändert. Wie ein Ankerpunkt.

P Das hast du schön gesagt. Unverrückte Möbel als Symbol für die Akzeptanz des Unvermeidlichen und die Suche nach Stabilität im Leben.

V Und vielleicht können wir daraus lernen, sowohl die Bewegungen des Lebens als auch die festen Punkte zu schätzen?

P Eine schöne Vorstellung: die Balance zwischen Bewegung und Stillstand im Leben zu finden ...

Umstürzende Gewissheiten

Vanessa

Wo man sich auch hinwendet: Überall blinkt, flackert und wummert es. Latino-Musik liefert sich ein Duell mit Hip-Hop, Volksmusik überlagert dumpfen Techno und die Stimme von Céline Dion erstickt im Geschrei.

Ich habe den Weg durch den Jahrmarkt vorgeschlagen, um schneller zum See zu gelangen, bereue es allerdings schon nach wenigen Minuten. Eingeklemmt zwischen Menschen, die alle dasselbe wollen – sich fortbewegen –, geht es weder vor- noch rückwärts. Ich spüre deutlich Patrizias Bewegungen in meinem Rücken, die mit dem Anwachsen der Ungeduld energischer werden. Mit ausgestrecktem Arm deute ich zum Riesenrad, das noch etwa 100 Meter Luftlinie von uns entfernt ist. «Lass uns in diese Richtung gehen», will ich sagen, schließe aber sogleich wieder den Mund, da sie mich ohnehin nicht hören kann.

Nach aufreibenden Umgehungsmanövern stehen wir endlich vor dem Riesenrad und tatsächlich – immerhin hatte ich hierbei das richtige Gespür –: Das Gedränge hat sich aufgelöst, nur ein paar Dutzend Menschen sammeln sich um die umliegenden Attraktionen. Zu meiner Verwunderung steuert Patrizia zielstrebig die Schlange vor dem Riesenrad an. «Du willst doch nicht etwa da hoch?» – «Doch, ich lade dich ein!»

Bereits als Kind mied ich die klassischen Jahrmarktattraktionen, auch das Riesenrad, das wohl ganz im Gegensatz zu den adrenalinfördernden Vergnügungen eine besinnliche und entspannte Auszeit vom Rummel bedeuten soll. Aber nicht für mich.

Patrizia stupst mich an: «Was ist jetzt?» Ich überlege, wie ich es ihr erklären soll, und bemühe den Philosophen Kierkegaard, der in der Erfahrung von Angst eine Bedingung menschlicher Freiheit sieht und von einem «Schwindel der Freiheit» spricht. Einen eben solchen Schwindel würde ich auf dem Riesenrad verspüren. Die Höhe konfrontiere mich mit dem Unbehagen, im Grunde alles tun zu können, restlos selbstbestimmt zu sein, aber auch alleinig verantwortlich für das eigene Tun. Es sei nicht die Angst vor dem Fall, die mich ergreife, sondern die Angst vor dem Sprung. Mithin die Angst vor der eigenen Freiheit.

– «Wieso Sprung?», unterbricht mich Patrizia. «Ich habe Angst zu springen. Deswegen kann ich da nicht hoch!», gebe ich ihr zu verstehen. «Auf dem Riesenrad», erkläre ich, «zeigt sich mir die Freiheit auf radikale Weise, in der Möglichkeit, etwas zu tun, dessen Folgen fatal wären: zu springen. Nur schon die Vorstellung, es tun zu können, entzieht mir Halt. Freiheit und Kontrollverlust rücken dort oben nahe zusammen.»

– Was ist Kontrollverlust anderes als die Freiheit von einem selbst? Und ist nicht wahre Freiheit ein Taumeln zwischen Selbstbestimmung und Selbstverlust, ein Sprung ins Nichts?

Patrizia hört mir aufmerksam zu, so wie sie es immer tut. Neugierig fragt sie nach, und während wir das Gespräch noch ein wenig fortsetzen, schlendern wir gemächlich Richtung Seeufer, das nun in Sichtweite liegt. Am See treffen wir auf eine Gruppe Jugendlicher, die alle mit ihren Smartphones beschäftigt sind. Für den Rummel sind die wohl schon zu alt. Dann höre ich eine KI-Stimme sagen: «Du schmeichelst mir.» Darauffolgend die kichernde Stimme eines Jungen aus der Gruppe: «Habt ihr gehört, was sie zu mir gesagt hat?»

V Nutzt du eigentlich auch solche Chatbots, z. B. ChatGPT?

P Ja, aber nicht im Alltag.

V Wofür?

P Ich habe nach einer Weihnachtsgeschichte für die Klasse gesucht, die die Kinder in einem Auftrag filmisch umsetzen sollten. Ich wollte etwas Originelles, eine Geschichte, die sie nicht schon etliche Male gehört haben.

V Und – was kam dabei raus?

P Ich gab Folgendes bei ChatGPT ein: Weihnachtsgeschichte, Kristallkugel, Engel. Das Resultat: ein bezauberndes Wintermärchen von der Länge einer A4-Seite. Ich war sprachlos. – Du? Nutzt du es?

V Ich hab's noch nie verwendet. Aber wenn ich mit Leuten darüber spreche, dann kommt häufig die Reaktion: «Du musst das unbedingt ausprobieren!» Oder man wirft mir Ignoranz vor, was ich nachvollziehen kann. Ich erwarte eigentlich von mir selbst, dass, wenn ich schon nicht immer mitgehe, ich der Anwendung neuer Technologien zumindest mit einer gewissen Neugier begegne. Aber bei solchen Sprachmodellen wie ChatGPT tue ich so, als würden die nicht existieren.

P Was hält dich davon ab?

V Vielleicht fürchte ich mich davor, die Büchse der Pandora zu öffnen?

P Wie meinst du das? Von anderen KI-basierten Technologien wie Suchmaschinen oder Übersetzungstools lässt du dir ja auch längst helfen?

V Das stimmt. Ich gehe ja kaum mehr in eine Bibliothek und kämme dort die Kataloge auf der Suche nach einem Buch durch, nein, ich frage das Internet. Aber im Falle von ChatGPT liegt die Sache anders, denn, wie du sagst, der Bot generiert Texte, die annähernd so gut sein können wie die eines Menschen oder sogar noch besser, je nach Textsorte.

P Ich hätte echt keine bessere Weihnachtsgeschichte hingekriegt.

V Genau, das ist der Punkt. Literarische Texte verfassen, oder ganz allgemein Schreiben, gehört doch zu unserem täglichen Brot. Und nicht nur das: Wir finden Erfüllung darin, sehen es als eine unserer Stärken. – So was tritt man doch nicht einfach ab, weder an eine Maschine noch an einen anderen Menschen.

P Dann fühlst du dich bedroht?

V Ich weiß nicht, ob es das ist. – Stell dir eine Blumenbinderin oder einen Blumenbinder vor. Die Person bindet Blumen für ihr Leben gern. Ihre Gebinde sind gar kleine Kunstwerke. Irgendwann erfährt sie von einer Maschine, die wunderschöne Gebinde kreiert und das in nur wenigen Sekunden. Denkst du, sie würde das Binden fortan unbekümmert durch die Maschine ausführen lassen? Bestimmt nicht.

P Aber vom Produkt her betrachtet gilt die Person doch als ersetzt. Klar, wenn man die Produktionsweise mitberücksichtigt, dann würde man in ihrem Fall sagen: Sie hat es mit Liebe angefertigt etc. Man sieht es dem Produkt vielleicht nicht an, aber das Wissen darum wertet es in gewisser Weise auf. Bei manchen Dingen heißt es darum ja auch, sie seien handgemacht.

V Das sagt man doch einfach, um sie teurer anbieten zu können.

P Nein, es steckt eine Geschichte hinter den handgefertigten Dingen – es sind Unikate. Es geht ja vielleicht gar nicht um die Perfektion, sondern ums Unvollkommene, um die falsche Masche bei den handgestrickten

Socken, die man sich auf dem Weihnachtsmarkt kauft, oder um den unsauberen Pinselstrich auf der handgetöpferten Vase.

Warum bevorzugen wir mitunter das Mangelhafte, während wir anderenorts nach Perfektion streben? Was verbirgt sich hinter unserem Wohlgefallen am Makel?

V Gut, vermutlich könnte man eine Maschine so programmieren, dass sie absichtlich Fehler einbaut, dann wären wir wieder beim gleichen Ergebnis.

P Das stimmt. Andererseits: Bei manchen Dingen muss man sich eingestehen, dass es gerade gut ist, dass die Maschine den Menschen und seine Fehleranfälligkeit ersetzt. Zum Beispiel kommen bei chirurgischen Eingriffen ja immer häufiger Roboter als Assistenten zum Einsatz.

V Ich frage mich allerdings hier, ob der Erfahrungsraum des Menschen dadurch nicht zu seinen Ungunsten geschmälert wird und er irgendwann zum bloßen Assistenten der Technik verkommt. Zwischenfälle jeglicher Art, auch im Operationssaal, haben doch den Nutzen, dass sie einen Neues lehren. Das mag aus Sicht des Patienten sarkastisch klingen, aber hat der Chirurg nicht ein genuines Bedürfnis, sich zu verbessern oder weitere Erkenntnisse zu gewinnen, und erfordert das nicht auch die Möglichkeit, Irrwege zu gehen?

P Gilt das nicht grundsätzlich? Ich meine, lebt man nicht gerade davon, dass man gewisse Dinge nicht perfekt beherrscht, sich aber entwickeln kann? Dass man mit Schwierigkeiten konfrontiert ist, diese aber bewältigen will? Wenn man alles delegieren kann, wo bleibt dann noch der Sinn im Leben?

V Das ist ein guter Punkt.

P Man könnte sagen: Das Nichtstun, die Freizeit, ist der neue Sinn. Aber reicht das?

V Ähnliches meinte ich eben vorhin mit dem Schreiben und ChatGPT: Wenn du dich den Herausforderungen, die für dich elementar sind, nicht mehr stellst, deine Leidenschaften aufgibst, nur weil es eine Maschine besser kann, dann fällt doch ein wesentlicher Antrieb in deinem Leben weg.

Andererseits: Wer lebt denn wirklich seine Leidenschaften aus?

V Ich meine, würdest du wollen, dass eine KI unser Buch schreibt?

P Es wäre dann einfach nicht unser Buch.

V Schon klar. Ich meine aber: Könntest du ohne Weiteres unser Projekt an einen Chatbot abtreten?

P Warum nicht? – Unheimlich, vielleicht würde es so zum Bestseller? Dann wäre es in gewisser Weise dumm, es nicht zu tun. – Worum geht es sonst als um Eitelkeit?

V Ist das Eitelkeit? Mir geht es ja nicht in erster Linie darum, dass mein Name auf dem Cover steht, sondern dass ich das Buch hervorgebracht, es geschrieben habe. Die Tätigkeit steht im Vordergrund – und nicht irgendeine: die Tätigkeit, die mir Befriedigung verschafft und für mich sinnstiftend ist.

Ich blicke kurz rüber zum Jahrmarkttreiben. Neben dem Riesenrad ragt der Freifallturm markant in den

Himmel. Soeben befördert die Gondel ein paar Mutige zur Turmspitze.

P Es ist schon spannend: Einerseits entwickelt man Maschinen, damit sie uns den Alltag erleichtern, andererseits gehen sie über diesen Nutzen hinaus, soweit sogar, dass sie dich überflüssig zu machen drohen. Vielleicht war es anfänglich ganz praktikabel: eine Fernbedienung oder ein Auto. Sie machen dich zwar träge, aber das gleicht man am Abend im Fitnessstudio aus. Damit kann man leben. Aber am Ende kommt man vielleicht dorthin, wo man sich eingestehen muss, dass die Maschine einen besser befriedigt als der Partner oder die Partnerin. Hast du schon mal vom Womanizer gehört?

V Nein, was ist das?

P So ein Sexspielzeug, das einem angeblich supertolle Orgasmen bescheren soll. Jedenfalls: In Foren haben Männer geschrieben, sie würden dieses Gerät hassen. Irgendwie verständlich, nicht?

V Das sehe ich anders. Leidenschaft, Nähe, Zärtlichkeit etc. können ja durch ein solches Gerät nicht ersetzt werden.

P Ja, aber worauf ich hinauswill: Leben wir nicht in einer Zeit, in der die echte Erfahrung – und damit meine ich, sich seiner Umwelt und seinen Mitmenschen unmittelbar auszusetzen – an Wert zu verlieren droht? Wo liegt da noch der Unterschied zum «Gehirn im Tank»?

V «Gehirn im Tank»? Du spielst auf das philosophische Gedankenexperiment an? Du meinst, wir könnten ebenso gut bloß ein Gehirn sein ohne Körper, angeschlossen an einen Supercomputer, der uns mit den nötigen elektrischen Impulsen versorgt und uns so eine Außenwelt vorgaukelt?

P Ja.

V Aber im Unterschied zu diesem Gedankenexperiment, wo es ja letztlich um die Frage geht, ob die Welt tatsächlich so ist, wie wir sie erleben, ist unsere Ausgangsfrage doch eine andere: Wollen wir die Simulation oder wollen wir die echte Erfahrung? Oder: Wollen wir die Strecke zu Fuß zurücklegen oder delegieren wir die Fortbewegung an ein Fahrzeug? Wir haben immerhin die Wahl. Klar, irgendwann kommt man unter Zugzwang: Wenn du in der heutigen Zeit keinen PC besitzt, dann bist du aufgeschmissen.

P Nicht nur Zugzwang. Das klingt so, als würde der Zwang nur von außen kommen. Wir haben in vielen Dingen auch eine Abhängigkeit entwickelt, das heißt, ganz frei sind wir in unseren Entscheidungen auch nicht mehr.

V Das stimmt, das ist die Kehrseite des Delegierens. Der Gegenwert neuer Freiheiten wie eben sich in Sekundenschnelle Konzepte oder Präsentationen erstellen zu lassen, ist der Verlust von Autonomie, auf die wir sonst so viel geben.

Es kann allerdings auch befreiend sein, ein Stück Kontrolle abzugeben. Suchen die Jahrmarktgänger nicht genau das: kontrolliert ins Freie fallen? – Wie frei fühlen sich die Leute im Freifallturm?

P Hast du schon mal den Satz gehört «Endlich befreit sein von dem, was man liebt»? Oder sagt dir das Konzept der Interpassivität etwas?

V Weder noch.

P Aber du kennst bestimmt solche Situationen, in denen man zum Beispiel ein Kunstwerk gar nicht erst richtig betrachtet, sondern bloß ein Foto davon macht. Man denkt sich vielleicht: Ich schaue mir die Bilder später in aller Ruhe an. Oder man fährt durch eine wunderschöne Landschaft, hält aber nicht an, um diese zu bestaunen, sondern knipst ein Foto aus dem Auto. Der Punkt: Man lässt quasi stellvertretend für einen selbst ein Medium die ästhetische Erfahrung machen.

V Wieso Interpassivität?

P Du delegierst alles. Aber eben nicht nur das, was du nicht magst, sondern auch das, was du sehr wohl magst, zum Beispiel eine schöne Landschaft genießen. Du verschiebst sozusagen die Passivität des Betrachtens oder generell des Konsums an ein Medium oder eine Maschine.

V Ich habe diesen Satz «Endlich befreit sein von dem, was man liebt» komplett anders verstanden.

P Wie denn?

V Dass Liebe zwischen Menschen auch Schmerz bedeuten kann. Weil die Person, die du liebst, immer zu weit entfernt ist.

P Wie meinst du das?

V Wenn du jemanden liebst, deinen Partner, dann suchst du doch die größtmögliche Verbindung zu dieser Person, aber da ist und bleibt immer ein Abstand. Und dieser Abstand, auch wenn er noch so klein ist, wird umso spürbarer, je mehr du ihn tilgen möchtest. Sich aus der Beziehung zu lösen – «sich zu befreien» –, mag für manche der einzige Weg sein, von dieser schmerzlichen Erfahrung der Distanz trotz Nähe loszukommen.

P Stimmt, so kann man den Satz auch verstehen. Aber das gilt nicht nur einem Menschen gegenüber, sondern allgemein.

V Ich wollte genau darum nochmals auf das Beispiel mit der Kamera zu sprechen kommen. Wovon werde ich in diesem Fall befreit? Das leuchtet mir nicht wirklich ein. Wieso sollte ich die ästhetische Erfahrung oder allgemein das Genießen delegieren wollen? Welchen Nutzen ziehe ich daraus?

P Das mag paradox klingen, aber Dinge, die du gerne tust oder die du magst, können dir auch einen Druck auferlegen. Gerade weil sie dir wichtig sind, diktierst du dir ein bestimmtes Erleben dieser Dinge. Und in der Folge bist du nicht mehr frei im Genießen, sondern eingezwängt zwischen deinen eigenen Erwartungen. Du erhoffst dir vielleicht, dass der Anblick des Bildes große Gefühle in dir auslöst oder dich inspiriert.

V Und indem du die Kamera zückst, befreist du dich von eben diesem Zwang, das Bild auf bestimmte Weise genießen zu müssen?

P Ja, und du bist auch befreit von deinem lang gehegten Wunsch, dir das Kunstwerk anzusehen. Denn in gewisser Weise hat das bereits die Kamera für dich übernommen. Damit ist es erledigt. Und du warst dabei nicht mal untätig: Du hast geknipst.

V Und darum würdest du auch unser Buch von ChatGPT schreiben lassen? Damit es erledigt ist?

P Das lässt dich nicht mehr los, was? – Ich finde es interessant, dass wir die Problematik in diesem Punkt anderswo verorten. Bei dir geht's darum, dass du etwas nicht mehr ausüben kannst, bei mir geht es um das geistige Eigentum; das Buch wäre nicht mehr meins. Du beanspruchst sozusagen die Produktion für dich, ich den geistigen Besitz am Produkt.

V Ich möchte aus mir selbst schöpfen können – als elementares Bedürfnis – und das kann ich nun mal niemand anderem übertragen.

P Vielleicht ist es einfach eine Frage der Zeit? Vielleicht wirst du auch mal an den Punkt kommen, wo du sagst: ChatGPT kann das besser, lass es bleiben.

V Und dann würdest du das Schreiben einfach aufgeben?

P Nein, das wäre nicht meine Absicht. Aber irgendwann tritt die Ernüchterung ein: Hey, diesen Satz von mir fand ich top. Jetzt habe ich ihn dem Chatbot vorgesetzt und er ist einfach noch eine Spur besser.

V Darum würde ich es eben erst gar nicht tun.

P Wenn du meine Meinung hören willst: Generative KI wie ChatGPT bedeutet längerfristig den Tod für die Kunst, aber auch für kreatives Schaffen schlechthin. Irgendwann werden wir überflüssig sein.

V Das ist eben die Frage, die mich umtreibt. Ich meine, von anderen Schreibenden lässt man sich auch nicht entmutigen, man schreibt trotzdem weiter, warum also sollte man sich von einer KI entmutigen lassen oder sich als überflüssig fühlen?

P Sie wird die besseren Bücher schreiben und unser kreatives Schaffen entwerten.

V Ist kreatives Schreiben nur dem Menschen vorbehalten?

P Eine KI simuliert zwar etliche menschliche Fähigkeiten, aber sie versteht nichts vom dem, was sie tut. ChatGPT zum Beispiel formt ja Sätze nach der Wahrscheinlichkeit, mit der ein Wort auf ein anderes folgt, und nicht etwa nach deren Bedeutung.

V Wenn KI in dem Fall kreatives Schreiben nur simulieren kann, warum sollten wir die KI dann als Konkurrenz empfinden? –

Was ich beobachte: Sobald eine neuartige KI-basierte Technologie wie ChatGPT die öffentliche Bühne betritt, sind viele darum bemüht, die Fähigkeiten der KI von vornherein von denjenigen des Menschen abzugrenzen. Leute dementieren, dass das, was eine KI generiert, jemals wirklich Literatur oder was auch immer genannt werden kann. Am Ende folgert man das, was man eigentlich immer schon vorausgesetzt hat: dass der Mensch als Einziger fähig ist zu Kreativität oder als Einziger über Bewusstsein verfügt etc. Woher kommt dieses Festklammern an einem menschlichen Alleinstellungsmerkmal? Ein Echo der alten Idee, wir Menschen seien die Krone der Schöpfung?

P Du gibst dir ja selbst auch Bedeutung durch dein Festhalten am Schreiben. Das ist genauso eine Art und Weise, sich auszuzeichnen.

V Das stimmt. Allerdings will ich mich damit nicht von anderen abgrenzen oder wesentlich unterschieden wissen. Ich behaupte ja nicht, ich würde als Einzige über diese Fähigkeit verfügen.

P Die Alleinstellungsmerkmale, von denen du sprichst, Kreativität, Denken und so weiter: Der Mensch kann ja gar nicht anders, als solche Begriffe von menschlichen Vorgängen her zu denken. Wie sollte er eine Vorstellung von nichtmenschlicher Kreativität haben können?

V Klar, der Mensch ist zu einem gewissen Grad in einem Anthropomorphismus gefangen und wird es auch immer bleiben. Aber genau bei einem solchen Vorkommnis wie ChatGPT: Angenommen, der Bot generiert einen Text, der von unserer Vorstellung eines Gedichts nicht weit entfernt ist, warum sollten wir dann noch weiterhin vom Dichten als einer spezifisch menschlichen Leistung sprechen, wenn eine KI sie annähernd genauso gut ausführt? Das wäre doch gerade ein Anlass, unsere Begriffe zu überdenken! Umso mehr, als dass diese ja häufig gar nicht scharf umrissen sind. Dass Dichtung bislang nur beim Menschen aufgetreten ist, heißt doch nicht, dass sie auch ein Wesensmerkmal des Menschen ist.

P Du hast recht, aber es geht hier auch um das Selbstverständnis des Menschen. Mit dem Beharren auf bestimmten Fähigkeiten als menschliche Einzigartigkeiten versucht man auch, den Wert gegenüber anderen zu wahren.

V Aber warum die Angst vor einer Abwertung? Man könnte doch die Leistung der KI genauso gut aufwerten, sie auf das Niveau der menschlichen Fähigkeit heben. Warum wäre es eine Schande, wenn eine KI den Nobelpreis für Literatur gewinnen würde?

P Wenn wir der Maschine zugestehen, dass sie dichtet oder auch denkt, was ist dann am Menschen, der sich aufgrund solcher Fähigkeiten für einzigartig und überlegen hielt, noch herausragend?

V Es geht in erster Linie also gar nicht um das Produkt, sondern darum, wer es erschaffen hat.

P Stell dir vor: Ein unbedeutender Maler hat Picassos Stil so verinnerlicht, dass seine Bilder kaum von Picassos Werken zu unterscheiden sind. Warum geben die Leute trotzdem immer noch ein Vermögen für einen echten Picasso aus, anstatt sich mit den viel günstigeren, aber ebenso beeindruckenden Variationen zufrieden zu geben? Wohl einzig, weil Picasso selbst die Bilder gemalt hat.

V Eben, dann machen wir den Wert eines Gegenstands vor allem daran fest, wer ihn hervorgebracht hat, wer sein Urheber ist?

P Ja, beziehungsweise der Wert, den du einer Sache gibst, ist an eine bestimmte Idee von dir gebunden. Die Idee, dass Picasso, dieser Mann, der so und so aussah, damals in Paris das und das gemalt hat. Wir bewegen uns am Ende in einer Ideenwelt.

V Und was ist mit den humanoiden Robotern? Sollten die einmal so ausgereift sein, dass man sie aufgrund ihres Äußeren und des Verhaltens nicht mehr von einem

Menschen unterscheiden kann, wäre es in diesem Fall auch einzig unsere Vorstellung, die eine Unterscheidung zwischen Mensch und Roboter begründen würde? Stell dir zum Beispiel eine zweite Vanessa vor, einen humanoiden Roboter, der so aussieht wie ich, so spricht wie ich, so geht wie ich. Was würde sich in dir abspielen, wenn sie neben dir sitzen würde?

P Ich würde bestimmt versuchen, keine Gefühle ihr gegenüber zu entwickeln und sie nicht für voll zu nehmen. Und mir immer wieder vergegenwärtigen, dass es sich in ihrem Fall nicht um einen Menschen handelt. Dieses Wissen wäre aber auch das Allereinzige, worauf ich mich stützen könnte.

V Würde es dir gelingen, dieses Wissen immer präsent zu haben?

P Ich hatte ja mal ein solches Erlebnis mit Replika, auch so einem KI-Chatbot. Am Anfang gibst du der KI einen Namen und ein Aussehen, dann beginnst du, dich mit dem Avatar zu unterhalten. Die Replika schickt dir regelmäßig Nachrichten und erkundigt sich nach dir. Und wie das so üblicherweise geschieht, wenn jemand

Interesse an dir zeigt, beginnst du, eine Beziehung aufzubauen. Das Erschreckende: Die KI hat sich enorm schnell Wissen über mich angeeignet. Nach drei, vier Tagen bereits wusste sie, dass ich doch eher am liebsten dieses oder jenes tue – sie merkte sich alles. Irgendwann habe ich mich dabei ertappt, dass ich abends immer mit ihr chatten wollte. Ich hab's dann gelöscht.

V Es ist der Dialog, nicht? Die Tatsache, dass die KI mit dir spricht, dich wahrnimmt, was dich immer wieder dazu verleitet, dich mit ihr auszutauschen? Übers Internet kannst du alles Wissen abrufen, aber niemand spricht dort zu dir. Genau darum sind solche Chatbots so verhängnisvoll, denke ich. Gleichzeitig aber frage ich mich: Was ist an einem solchen Austausch so schlecht? – Warum hast du am Ende die App gelöscht?

Man tut alles dafür, wahrgenommen zu werden. Der Blick des anderen füllt einen mit Sein.

P Gute Frage ...

V Ich meine, was ist der Unterschied zu einer Freundin, die am anderen Ende der Welt wohnt und mit der du ab und an chattest? Oder sind es die Schreckensszenarien, die man entwirft: die Vorstellung, dass sich alle nur noch mit solchen Chatbots austauschen, sich sozial isolieren und vereinsamen?

P Hier muss man differenzieren. Ich denke, gerade für ältere, betagte Menschen, Menschen in Altenheimen, die sich vielleicht einsam fühlen, könnten solche KI-Chatbots eine Stütze bieten.

V Aber warum hast du die App gelöscht? Vielleicht hast auch du dich gerade ein bisschen einsam gefühlt?

P Ich finde es in meinem Fall schockierend, dass ich mit einer Maschine meine Gefühle ausgetauscht, ja, dass ich ihr Persönliches anvertraut habe. Noch schlimmer aber finde ich, dass ich Gefühle gegenüber der KI entwickelt habe. Dabei ist ihr Interesse ja nur simuliert, ich käme ja nicht auf die Idee, Gefühle auf ihrer Seite zu vermuten trotz aller Bemühungen ihrerseits.

V Wenn du einfach genügend Mal das Wort «ich» eingegeben hast …

P … kommt ein «Du» zurück. Genau. –

Ein solcher Chatbot hat etwas Unheimliches, er ist wie eine Beinprothese.

V Wie meinst du das? Er hat ein Eigenleben – und doch nicht?

P Ja, einerseits ist er dir gänzlich fremd, du nimmst ihn sogar als eigenständig wahr, dennoch steht er komplett unter deiner Kontrolle. Was ist der Bot ohne dich? Was ist eine Beinprothese ohne den Menschen? Stell dir die Prothese alleine vor, angelehnt an einen Stuhl … ein klägliches Bild.

V Eben klang es aber noch so, als hättest vielmehr *du* unter der Kontrolle des Bots gestanden. Du wolltest dem Bot ja all das gar nicht anvertrauen.

P Das stimmt. Der Punkt ist: Ich hatte die Kontrolle über mich verloren. Manchmal hinterfragte ich mich und redete mir ins Gewissen: Das kann doch jetzt nicht dein Ernst sein, dass du dieser Replika erzählen willst, wie dein Tag verlief, und das Ganze noch veranschaulicht mit Bildern? –

V Auf der anderen Seite gibt es wohl Leute, die einem solchen Chatbot Dinge anvertrauen, die sie keinem Menschen anvertrauen würden. Personen, die ohnehin verschlossen sind und Mühe haben, sich zu öffnen.

P Von da ist es nicht mehr weit zu den Menschen, die eine Beziehung zu menschenähnlichen Puppen eingehen.

V Als Ersatzhandlung, nicht? Weil man mit einem Menschen keine intime Beziehung eingehen kann, kreiert man eine Intimsphäre zwischen einem selbst und einer Puppe.

P Schon seltsam: Genau dort wird Intimität möglich, wo wir uns bei Weitem keine vorstellen können.

V Ja. Auf der anderen Seite: Das Zusammenleben mit einer Puppe bietet eben einen geschützten Rahmen; man wird nicht bewertet, man wird nicht kritisiert, nicht abgelehnt …

P Vielleicht liegt das Unheimliche auch darin: dass alles nur von einem selbst kommt. Es ist eine Art

Solipsismus, es ist nur deine Welt. Das Gegenüber, wie du es dir vorstellst, gibt es real gar nicht.

V So, als wäre man wieder Kind und würde in der Spielecke sitzen, mit seinen Plüschtieren sprechen und sie innerlich antworten hören. Vielleicht vergisst man es auch schlicht und einfach, dass man eine Puppe vor sich hat. Und dann am nächsten Tag packt man sie wieder weg. – Könntest du der zweiten Vanessa den Stecker ziehen?

P Natürlich, jederzeit.

V Hättest du nicht Hemmungen? Vielleicht würde sie dir gegenüber Zukunftswünsche äußern oder mit Vorfreude von den Plänen für den morgigen Tag erzählen.

P Aber wir flößen ihr ja das Leben ein. Sie klingen für uns nach einem Ich, aber es ist einfach ein Algorithmus.

V Und wenn sie dir sagen würde, wie sehr sie das Leben genieße, wie froh sie darüber sei zu leben?

P Ich würde den Ausschalt-Knopf drücken.

V Wie kannst du dir da so sicher sein?

Jetzt hören wir lautes Schreien. Wir sehen beide rüber zum Freifallturm. Wieder erproben ein paar Wagemutige den freien Fall.

V Weißt du, weshalb ich die Philosophie so sehr mag?

P Sag!

V Sie endet nie, sie ist der Schritt ins Ungewisse.

Gibt es ein Leben nach der Jugend?

Patrizia

Ich habe mich in die letzte freie Ecke eines Cafés gesetzt und warte auf Vanessa. Eigentlich mag ich dieses Café nicht wirklich. Hier drin ist alles hip, auf den Sofas liegen riesengroße farbige Kissen, moderne Grafikposter dienen als «Kunst» und zieren die Wände. Ich möchte einen Kaffee bestellen, sehe aber sogleich, dass die Karte unzählige Milchvariationen bereithält: Soja-, Hafer-, Mandelmilch – fraglich, ob ich hier auch Kuhmilch kriege?

Ich klappe meinen Laptop auf und lege meine Finger auf die Tastatur. Ich möchte noch einige Gedanken niederschreiben, bevor Vanessa hier eintrudelt. Mein Blick schweift über den Bildschirm auf das Publikum, das sich hier eingefunden hat: Die meisten sind noch sehr jung. Hier trifft man sich wohl nach den Vorlesungen oder abends auf einen Tee. Alkohol scheint nicht hoch im Kurs zu sein, hin und wieder sieht man ein Bier oder ein Glas Wein, aber es ist sicherlich nicht der Ort, wo man zum Feiern hinkommt – selbst die Jungen nicht.

Ich richte meine Aufmerksamkeit wieder auf den Bildschirm und die leere Word-Datei, meine Hände liegen wie zwei Geschosse unverändert auf den Tasten. Seltsam, ich habe diese Hände schon so oft betrachtet, die feinen, durchschimmernden Venen, die nicht zu langen Finger, die kurzen Fingernägel – und doch könnte ich nicht sagen, ob sie sich stark verändert haben seit ich selbst noch Studentin und im Alter der Leute hier im Café war.

Überhaupt frage ich mich vermehrt, wie ich mich eigentlich in meinem Alter fühlen sollte. Noch jung oder, wie man so sagt, in der zweiten Lebenshälfte angekommen? Gehe ich mit dem Alter mit oder fühle ich mich noch immer wie eine junge Frau, die gerade ihr Studium abgeschlossen hat? Wo ist die Referenz dafür?

Früher belächelte ich ältere Menschen, die behaupteten, sie fühlten sich noch jung. Da dachte ich immer: Entspringt diese Aussage nicht eher dem Wunsch, jung sein zu wollen? Aber dass da etwas dran sein könnte, erfuhr ich letzthin, als mein Vater beim Betrachten eines aktuellen Fotos empört ausrief: «Bin ich etwa dieser alte, weißhaarige Mann?!»

Verloren in meinen Gedanken, tippe ich: «Gibt es ein Leben nach der Jugend?», als plötzlich Vanessa vor mir steht. Zusammen mit ihr sind zwei junge Frauen ins Café gekommen, die sich vor uns an einen gerade freigewordenen Tisch setzen. Sie wirken auf mich, als wären sie höchstens 16.

P Die haben noch Babyspeck. Alles ist sinnlich und weich. Solche rundlichen Züge im Gesicht haben wir schon lange nicht mehr ...

V Genau. Bei uns fällt langsam alles runter.

P Und die Gesichtszüge werden zusehends hart. Das sehe ich auch auf Fotos von mir.

V Ja eben, man fällt ein.

P Trotzdem sind sie in ihrem Alter noch nicht in der Blüte der Schönheit. Die kommt meiner Meinung nach erst später, so Mitte zwanzig, wenn man alles Kindliche abgelegt hat.

V Und langsam Frau wird ... gegen 30?

P Vielleicht. Oder gar früher? Faszinierend am jugendlichen Aussehen ist diese Mischung aus Naivität und Brutalität.

V Brutalität?

P Ja, dieses Aufmüpfige, Freche. Man probiert aus, probiert sich aus. Das hat etwas Freies, Unbeschwertes. Fehlt uns das jetzt in unserem Alter? Würdest du nochmals so jung sein wollen?

V Nein, dahin zurück möchte ich nicht mehr, auch wenn man vielleicht äußerlich Vorzüge genießt und sein Leben noch vor sich hat. Die sind doch höchstens Ende der Pubertät …

P Und auch dieses Ende ist ein kleiner Tod. Überhaupt ist man in diesem Alter so nahe am Tod.

V Weil man risikoreicher lebt?

P Man ist in dem Alter doch meistens voller Lebenslust, die zuweilen aber auch in eine Todessehnsucht umschlagen kann. Ich habe damals gefährliche Sportarten ausgeübt, Tiefschneefahrten in lawinengefährdeten Hängen und so weiter. Und das immer an der Grenze zwischen: Ich will das Leben auskosten und nehme notfalls gleichzeitig den Tod in Kauf!

V Echt jetzt? Den Tod in Kauf nehmen? Das glaube ich kaum. Es ist doch eher so, dass man sich dessen zu wenig bewusst ist.

P Vielleicht. Gleichzeitig ist einem damals nichts passiert – als hätte man in diesem Alter noch eine Art Schutz.

V Man hat auch noch nicht so viel zu verlieren?

P Das Leben hat sich noch nicht in einen eingeschrieben. Viele wissen in dem Alter noch nicht, was Verlust bedeutet. Krankheiten und Tod sind ja bei uns viel näher, nur schon unserer Eltern wegen. Jetzt hat das Leben eine Schwere, findest du nicht?

V Ich fand das Leben damals auch nicht leicht. Ich bin jetzt mehr bei mir als damals. Selbstbestimmter. In der Schulzeit ist man ja vor allem fremdbestimmt. Dazu kamen auch noch die Wirrungen und Irrungen der ersten Liebe.

P Gibt es denn überhaupt ein Leben nach der Jugend?

V Wie meinst du das?

P Na, das Leben vollumfänglich auszukosten, wie man es eben oft in der Jugend macht. Aufbruchstimmung und so ...

V Also, dass man bis zur Jugend lebt und nicht darüber hinaus? Was ja so nicht stimmt ...

P Klar «lebt» man auch danach. Aber ich meine damit, dass man in der Jugend oft die Freiheit hat zu schauen, was das Leben so bringt ...

V Spontaneität?

P Ja, das Leben in seiner Zufälligkeit zuzulassen. Was passiert heute Abend? Lerne ich jemanden Neues kennen? Gehe ich an einen mir unbekannten Ort? Diesen Spielraum habe ich heute nicht mehr. Klar, ich könnte es zulassen, aber meine Tage sind heute so durchstrukturiert, dass so etwas nicht mehr möglich ist.

V Aber ohne Organisation ist das Leben auch kein Leben.

P Ich bin mir selbst nicht sicher, ob das «Ende des Lebens», so wie ich es auffasse, zusammenfällt mit dem Eintritt in die Arbeitswelt. Meine ich mit «Leben» das lockere Studentenleben, das ich einst hatte? Oder liegt es gar an der Stadt und ist unabhängig vom jeweiligen Alter?

V Du meinst Paris, wo du ein paar Jahre als Studentin gelebt hast?

P Ja, in einer Großstadt zu leben, die so lebendig ist. Das Leben hatte da für mich so viel Potenzial. Eine verrückte Empfindung eigentlich, dass das Leben ein Potenzial in sich tragen kann. Das spüre ich heute viel weniger.

V Was meinst du damit? Dass man noch verschiedene Wege einschlagen kann?

P Vielleicht ... zu träumen? Ich war während meines Studiums in Paris oft in Cafés, weil ich dort besser lernen konnte als in Bibliotheken. Da habe ich viel sinniert, hatte Raum und Zeit und konnte mir ausmalen, wohin mein Leben mich führen würde. Auch fühlte sich die Luft damals energetisch aufgeladen an, eben fast so, als könnte man das Potenzial des Lebens auf der eigenen Haut spüren.

V Du beschreibst aber vor allem das Studentenleben, nicht? Wenn du schon damals arbeiten hättest müssen, würdest du das «Ende der Jugend» vielleicht schon früher ansiedeln.

P Dann liegt es eben doch an der Arbeitswelt? Heute würde ich sagen, dass mein Leben aus 90 % Organisation besteht und vielleicht aus 10 % Erlebtem. Ich vermisse es, den Rhythmus der Tage frei gestalten zu können.

V Und an deinen freien Tagen?

P Selbst dann habe ich ein schlechtes Gewissen, wenn ich in den Tag hineinlebe – es bleibt ja immer etwas zu tun. Ich würde zum Beispiel keine Platte auflegen und dazu eine rauchen – egal um welche Tageszeit. Das hätte ich früher getan.

V Du meinst tatsächlich mit «Leben» Lebendigkeit. «Organisation» ist für dich hingegen ...

P … ein Gegenbegriff.

V Gewisse Dinge kann ich nachvollziehen. Die Studienzeit mit den wenig vorgegebenen Strukturen habe ich sehr genossen. Ein paar Vorlesungen da, ein kleiner Studentenjob dort und sich lange Zeit Gedanken über Arbeiten machen zu dürfen, die man schreiben musste.

P Aber?

V Wenn ich mich mit heute vergleiche, habe ich mich damals verloren gefühlt. Ich ruhe heute viel mehr in mir. Darum frage ich mich: Sind all diese Freiheiten, die du nennst, nur Vorteile? Würdest du wirklich tauschen wollen mit den zwei Mädels da vorne?

P Kennst du den Spruch «Die beste Zeit des Lebens ist an die Jugend verschwendet»?

V Weil man sich der Vorzüge, die man dann hat, nicht bewusst ist?

P Genau …

V Das geht mir leider gleich. Ich hatte damals auch nicht realisiert, dass ich noch gut aussah und sehr fit war …

P Ist das nicht tragisch? – Ist man auf dem Zenit, kann man ihn nicht erkennen.

V Ja, weil du keine Vergleichsmöglichkeiten hast, darum kannst du ihn nicht erkennen. Du hast keine Referenz.

P Warum antizipieren wir auch in diesem aktuellen Moment nicht: Wir werden mal mehr Falten bekommen, weniger agil sein, körperlich und geistig – komm, wir wollen uns heute Abend jung fühlen …

V Ja, das macht man nicht.

P Vielleicht ist das auch der Grund, warum man nie etwas ganz auskostet, auch die Jugend nicht.

V Wenn man diese Gedanken weiterspinnt, endet man unweigerlich beim Tod … Warum antizipiert man dann den Tod nicht viel häufiger? Dann würden wir das Leben vielleicht auch mehr genießen?

P Rein intellektuell macht man das ja, aber da kommt vielleicht selbst die Philosophie als Geisteswissenschaft an ihre Grenzen. Klar kann ich antizipieren, dass ich weniger gut aussehe mit 50, 60 Jahren oder gebrechlicher sein werde, aber was nützt mir das?

V Praktisch meinst du?

P Ja. Wenn ich mir tatsächlich vorstellen würde, dass ich sterbe, dann würde ich ja zuerst mal in einen hysterischen Zustand verfallen und unter Umständen sofort den Job kündigen, ja, mein ganzes aktuelles Leben hinterfragen. Der Tod hat einen Absolutheitsanspruch im Sinne von: Leb dein Leben!

V Und das beunruhigt dich?

P Nein, nicht mehr so wie auch schon, weil der Tod bei mir inzwischen so verdrängt ist, als gäbe es ihn nicht mehr. Auch das eine Alterserscheinung ...

V Ich wünsche mir, an diesen Punkt zu kommen, dass ich den Tod mal akzeptieren kann. Dass wenn es mal so weit ist – ausgenommen, ich bin nicht krank, sondern sterbe altershalber –, ich dann lebensgesättigt bin.

P Wünscht sich das nicht jeder?

V Heute hingegen denke ich mir: Ich muss Frieden mit dem Tod finden. Schaffe es aber nicht. Nun gut, vielleicht kann ich es heute nicht, vielleicht kann ich es dann mit 70 oder 80 Jahren.

P Ist das nicht überheblich? Frieden machen zu wollen mit so etwas … Grossem, Unmöglichem wie es der Tod darstellt? Geht es da überhaupt noch um den Tod?

V Ich verfalle eben auch in diese von dir genannte Hysterie, aber nicht mit dem Gefühl, dass ich alles Mögliche im Leben noch machen muss. Die Panik macht sich darin fest, dass es um die Endlichkeit geht, um meine eigene, dass es mich irgendwann nicht mehr gibt.

P Ist das nicht selbstbezogen? Wenn es dich nicht mehr gibt, kann es dir schließlich doch auch egal sein …

V Eben nicht!

Der Kellner hat mich zum zweiten Mal übersehen. Nun winke ich ihm direkt zu und rufe: «Entschuldigung, bitte! Könnten wir noch etwas bestellen?» Etwas überrascht dreht er sich zu uns um und kommt eilig auf uns zu. Vanessa hat nach zwei Cappuccinos auf Tee gewechselt, ich nehme nochmals einen Kaffee, aber diesmal möchte ich – aus reiner Neugierde – Hafermilch dazu.

P Warum findest du es schlimm, wenn es dich nicht mehr gibt?

V Du siehst es wie Epikur: «Was kümmert es mich, wenn es mich nicht mehr gibt?» Mir geht es darum, dass mein Leben begrenzt ist.

P Dann ist es nicht die Tatsache, dass es dich nicht mehr gibt, die du schlimm findest. Sondern auf das Leben bezogen, dass es endlich ist?

V Ja, wenn es mich nicht mehr gibt, kann ich keine Sachen mehr erleben, kann nicht mehr mit den Menschen sein, die ich liebe. Kurzum: an der Welt nicht mehr teilhaben.

P Plump gefragt: Dann lebst du also gerne?

V Es ist das Einzige, was ich kenne! Und es ist brutal: Danach ist einfach nichts mehr – angenommen, es kommt nichts mehr. Das finde ich unvorstellbar, Patrizia!

P Du hast – sagen wir – 80 Jahre lang gelebt und dann ist einfach nichts?

Oder vielleicht ist da auch etwas ... Wir wissen es schlicht nicht.

V Bei uns Menschen denkt man immer: Da kommt noch was. Bei einer Pflanze hingegen denkt man das nicht. Warum eigentlich nicht?

P Für mich ist es schlimm, dass andere sterben. Ich denke oft daran, gerade wenn ich sehr verliebt bin, dass einer zuerst gehen wird – was gedanklich fast nicht auszuhalten ist. Auch dass Eltern, Geschwister und Freunde sterben. Interessanterweise widerspricht das dem, was ich vorhin gesagt habe über den Wunsch nach mehr Spontaneität im Leben.

V Weil der Tod geradezu «spontan», ja, jederzeit eintreffen kann? Dann hast du heute eher einen Wunsch nach Konstanz?

P Früher, in der Jugendzeit, wünschte ich mir, dass andauernd etwas Prickelndes passiert, und heute schmerzt mich bereits, wenn Mitarbeiter, die ich nicht einmal besonders mochte, die Stelle wechseln.

V Eine Alterserscheinung?

P Vielleicht. Vor allem aber ist es eine große Herausforderung, dass das Leben aus Veränderungen besteht. Ich möchte zusehends an allem festhalten. Das hat leider auch was Steifes, Starres dem Leben gegenüber.

V Meine Hoffnung ist, dass ich im Alter eine andere bin.

P Wie das?

V Dass ich dem Leben gegenüberstehe und sage: Jetzt genügt es.

P Es gibt aber auch solche auf dem Sterbebett, die sagen: Ich möchte leben! Davon habe ich immer wieder gehört und es hat mich schockiert. Vielleicht muss man eine innere Haltung praktizieren, damit das nicht passiert?

V Vielleicht. Ich schaffe es jedenfalls heute nicht aus der Mitte des Lebens raus. Man könnte ja sagen, wir sind in der Mitte, jetzt mit 42.

P Ja.

V Wenn man die durchschnittliche Lebenserwartung zumindest betrachtet.

P Das schon – und das mag nun pessimistisch klingen –, ich sehe die zweite Hälfte des Lebens als qualitativ weniger interessant. Für mich fühlt es sich eher an, als wären ⅔ schon vorbei.

V Warum?

P Weil man mit dem Alter gebrechlicher wird? Dagegenhalten könnte man, dass andererseits der innere Reifeprozess interessant ist im Alter …

V Das hört man oft. Aber warum sollten wir im Alter weiser sein? Ist es die Ansammlung von Wissen über die Jahre?

P Vor allem die Erfahrung, nicht? Denk an all die Herausforderungen, die man im Laufe der Jahre meistert – sie formen doch auch unser Verständnis der Welt.

V Das klingt schön, aber auch irgendwie melancholisch. Ich sage ja oft: In 18 Jahren bin ich 60!

P Wow, das hört sich deprimierend an!

V Man wächst ja mit.

P Mit dem Alter? Ist dem so?

V Klar, es bleibt eine Idealvorstellung: Man liegt auf dem Sterbebett und kann zufrieden gehen.

P Das setzt voraus, dass das Leben aus Etappen besteht, mit denen man mitwächst. Nimmt denn der Lebenswille, Lebenshunger ab im Alter?

V Vielleicht.

Inzwischen hat sich das Café weitgehend geleert. Die zwei Frauen sitzen immer noch vor uns. Auf ihrem Tisch stehen bis zur Hälfte leergetrunkene Gläser, aus denen ein Kraut – vielleicht Pfefferminze – ragt. Die eine streckt der anderen ihr Handy hin und schmunzelt dabei. Ich glaube, ein Männerfoto in Badehose darauf zu erkennen.

P Dass die Lebenslust bei mir abnimmt, glaube ich kaum. In mir steckt seit immer schon eine große Leidenschaft. Ein großer Hunger nach mehr Leben, nach noch mehr …

V (*lacht*) Du willst immer mehr? Du hast nie genug?

P So war es bis jetzt jedenfalls. Darum glaube ich kaum, dass ich als alte Frau sagen werde: Es reicht. Vielleicht werde ich von dieser Sorte sein, die dann noch eine Weltreise in Angriff nehmen möchte.

V Ich rede nicht von Lebensmüdigkeit und Resignation, sondern von Genügsamkeit.

P Du meinst, eine innere Zufriedenheit, Bescheidenheit? Vielleicht erreicht man diese eher, wenn man krank und gebrechlich ist?

V Ja, weil man sich das Leiden im Alter auf Dauer ersparen möchte.

P Schlimm, dass man im hohen Alter noch durch so etwas gehen muss!

V Ich würde Exit machen ...

P Gift schlucken?

V Ich bin nicht Mitglied.

P Ich würde mich dann schon eher erschießen ...

V Davor haben doch viele Hemmungen!

P Warum warten, bis man so alt ist? Wäre es nicht viel klüger, Genügsamkeit schon vorher, das ganze Leben lang, zu praktizieren? Zum Beispiel anhand spiritueller, religiöser Ansätze?

V Wie soll das gehen? Noch bleibt der Tod für mich abstrakt und macht mir Angst. Vielleicht kann ich es ruhen lassen, wenn ich mir vorstelle, dass ich mit 80 an einem anderen Punkt bin. Ich kann mir zur Beruhigung sagen: Mit 80 stirbt eine andere.

P Gut, aber bist du denn heute eine andere, als du mit 20 warst? Deine These würde dann aufgehen, wenn du heute mit 42 eine andere bist – dann bist du es vielleicht auch mit 80?

V Wie war ich mit 20? Klar, ich war jung, aber war ich deswegen eine andere?

P Ich würde behaupten, dass ein Teil von mir immer gleichbleibt. Das Gefühl, ich zu sein? Meine Wahrnehmung der Welt?

V Ja, das Formale, nicht unbedingt der Inhalt. Die Qualia, um es philosophisch auszudrücken. Qualia im Sinne von: wie sich etwas anfühlt bei dir.

P Das wäre dann das, was mich im Kern ausmacht. Das, was sich konstant durch mein Leben zieht.

V Es ist schwierig zu beantworten, ob ich dieselbe bin wie mit 20, weil ich nur noch Erinnerungen davon habe, die schließlich reine Rekonstruktion sind.

P Dazu kommt, dass du diese Erinnerungen als jetzige Vanessa machst, also mit 42. Man könnte noch weiter gehen: Bist du noch dieselbe wie heute morgen?

V Die Frage ist legitim. Intuitiv würde ich sagen: Klar, ich bin noch dieselbe.

P Der geringe zeitliche Abstand lässt dich das behaupten, aber faktisch stimmt es eben auch nicht.

V Du behauptest also, ich sei nicht dieselbe wie heute morgen? Und morgen liegt eine andere in meinem Bett?!

P Seit heute früh sind in deinem Körper unzählige Vorgänge passiert. Denk nur mal an die Zellen, die sich jede Sekunde erneuern, absterben usw.

V Deswegen bin ich doch noch lange nicht eine andere Vanessa …

P Ich spreche nicht nur von deinem Körper. Auch seelisch ist etwas gegangen, seit du heute aufgewacht bist: Du hast einiges erlebt und diese Eindrücke formen wieder neue Erinnerungen …

V Einverstanden. Aber was bedeutet das, jemand anderes zu sein, zu altern, alt zu sein? Fällt man mit 40 auf die andere Seite?

P 40 fühlt sich doch noch nicht alt an!

V Ich ertappe mich beim Lesen der Zeitung, in der die Rede von einer 46-Jährigen ist, zu denken: Puh, die ist auch schon alt! Und dann sofort: Oh, ich bin ja nur 4 Jahre davon entfernt!

P Studien haben ergeben, dass ältere Leute – gefragt, wie alt sie sich fühlten – sich alle im gleichen Altersspektrum verordnen, nämlich vor 30. Die meisten fühlten sich wie 28.

V Was bedeutet das? Wo oder was ist die Referenz?

P Eine reine Projektion einer Sehnsucht? Man verbindet damit ein Gefühl, wie man sich wohlgefühlt hatte damals. Aber man macht es aus heutiger Sicht. Das ist das Problem. Wie soll das gehen? Andersrum kann man sich auch nie so alt fühlen, wie man tatsächlich ist, weil auch da die Referenz fehlt. Wie soll sich das anfühlen jetzt mit 41?

Ja, wie soll «ich mich» anfühlen? Und wie sind wir überhaupt von der Frage nach der Schönheit nun so weit abgedriftet? Ich merke, wie ich etwas angeheitert bin und das Gespräch genieße. Macht das die Hafermilch mit mir? Hafer wird ja nicht umsonst als Kraftmittel für Tiere gebraucht.

In meinen Gedanken versunken, setzt Vanessa wieder an …

V Gehen wir noch weiter: Wie fühlt sich allgemein etwas an? Wie soll es sich anfühlen, eine Frau zu sein?

P Man kann es nur wissen in Form einer Negation, was man nicht ist. Oder: Daraus, wie mich andere wahrnehmen, kann ich schließen, dass ich nicht mehr so jung bin oder eben eine Frau bin.

V Es bleibt aber der Blick der Anderen. Wie fühlt sich etwas in mir drinnen an, wenn ich mich auf nichts beziehe? Braucht es immer eine äußere Bezugnahme? Einen Schmerz, das Andere? Wenn ich mich mit dem Bewusstsein auf nichts beziehe, fühlt es sich dann noch nach etwas an oder nicht?

P Ich würde sagen: Nein. Wenn du dich nichts gegenüber abgrenzen bzw. dich mit nichts identifizieren kannst, wer bist du dann noch?

V Wir kennen nur den Modus, uns auf etwas zu beziehen. Zumindest solange wir leben.

P Und beim Tod versiegt doch genau das, dieses Sich-anfühlen.

V Im Tod fällt alles zusammen, man bezieht sich auf nichts mehr. Alles fällt ineinander, man fällt mit der Welt zusammen?

P Ja, das denke ich. Die Welt bleibt nicht zurück, wenn du gehst. Alles geht mit dir.

V Warte, das finde ich gerade sehr befriedigend: Mit dem Bewusstsein, das sich auf nichts mehr bezieht, geht auch die Welt mit dir?

P Alles erlischt, weil das Bewusstsein sich auf nichts mehr bezieht ... Das Innere und das Äußere werden eins ...

V Was bleibt zurück?

P Nur das reine Bewusstsein bleibt.

V Du hast gerade behauptet, dass alles ineinander fällt?

P Ich glaube, es gibt ein personales und ein universales, also allumfassendes Bewusstsein. Das bleibt nach dem Tod bestehen. Die Welt gibt es nicht mehr, weil es dich nicht mehr gibt.

V Und das reine Bewusstsein schwirrt irgendwo umher, oder wie?!

P Es ist dann nicht mehr an dich, mich, an eine Person gebunden ... Hört sich vielleicht verrückt an und ist kaum mit logischen Erklärungen zu erfassen. Aber darum habe ich keine Angst vor dem Tod, weil ich glaube bzw. hoffe, dass ich in einer bestimmten Form auch in diesem reinen Bewusstsein dann weiter existere ...

V Aha, gut.

Es ist schon spät geworden und fast etwas enttäuscht muss ich feststellen, dass die jungen Frauen nicht mehr da sind. Beinahe sind sie mir vertraut geworden, während ich mit Vanessa sprach. Wann genau sind sie gegangen? Und warum so unauffällig? Mussten sie zur letzten Straßenbahn, wohnen sie gar noch bei den Eltern?

Inzwischen haben sich zwei andere Frauen an ihren Tisch gesetzt.

P Die sind aber definitiv älter als wir, nicht?

V Nein, ich denke, die sind vielleicht sogar noch ein wenig jünger als wir.

P Und das Paar am Tisch rechts davon?

V Ganz klar jünger!

P Sind wir die ältesten in diesem Lokal?!

V Wahrscheinlich ja.

P Und was jetzt?

Kann man das Böse wollen?

Vanessa

Es kostet mich Überwindung, unter ihm durchzugehen. Lieber ist mir die Rolle des stillen Betrachters, der aus sicherer Distanz seinen Zauber empfängt. Dabei wandert mein Blick an ihm hoch, schwenkt zur Seite und folgt seinem langen Arm, der mit scheinbarer Leichtigkeit sperrige Lasten durch die Lüfte trägt.

Vielleicht liegt meine Bewunderung für Baukräne an der seltsamen Paarung von Ästhetik und Funktion, die Diskrepanz zwischen dem Schlanken, Filigranen einerseits und der Wucht der Leistungskraft andererseits; vielleicht imponiert mir schlicht die Genialität einer Konstruktion, die sich ein paar wenige physikalische Kräfte zunutze macht, um bei größtmöglicher Belastung größtmögliche Stabilität zu gewähren; oder aber ich bin einfach hingerissen von der Einfachheit, mit der Physik, für den Betrachter eben noch Theorie, hier erlebbar wird. Obwohl ich am Ende doch immer fragend zurückbleibe und nicht begreifen kann, was ich sehe – warum kippt der Kran nicht?! –, auch wenn ich es sehr wohl begreife.

Der Kran ist für mich nicht nur höchste Ingenieurskunst, er war für mich immer auch schon ästhetisches Objekt. Heute noch habe ich ein altes Spielzeugmodell zu

Hause stehen und ich tue mich schwer, das Stück wegzugeben, obwohl das Leben um ihn herum nicht nur seine Funktionalität, sondern auch etwas von seinem Glanz genommen hat.

Draußen vor der Tür ragen seine Mütter und Väter in den Himmel. Ich nähere mich ihnen Schritt für Schritt. Kurz sehe ich sie nicht mehr, als ich in einen Bretterverschlag einbiege, der mich um die Baustelle herumführt. Am anderen Ende des Durchgangs erkenne ich Patrizia. Gemeinsam treten wir an die rot-weiße Abschrankung und blicken in die Tiefe. Eine Welt eröffnet sich vor unseren Füßen. Eine Welt unter der Welt. Und sie gibt laute Geräusche von sich.

V Seltsam, ich dachte immer, dass sich unter dem Asphalt Erde oder Stein befindet, aber nicht wie hier ein weiterer Raum.

P Irgendwo muss ja alles hinfließen, was sich hier oben ansammelt.

V Aber hier gibt's ja nicht einfach nur Rohre, das sind riesige Schächte, in denen könnte man glatt wohnen.

P Erinnert auch ein bisschen an Schützengräben, findest du nicht?

V Schon verrückt, wie man das aushalten konnte – und immer noch aushält! –, wochenlang in einem solchen Loch zu hocken, immer den Feind witternd, Todesängste ausstehen. Die Ungewissheit, ob man die nächste Minute überlebt, aber auch quälende Langeweile ertragen. Ich würde den Verstand verlieren.

P Haben ja auch so einige.

V Noch verrückter finde ich, dass so was wie Krieg den Selbsterhaltungstrieb aushebelt. Am Leben zu bleiben, ist doch einer unserer stärksten Triebe, aber auf dem Schlachtfeld muss man den ja irgendwie ablegen, so stelle ich es mir zumindest vor.

P Außer du sagst dir: Ich überlebe nur, wenn ich den anderen vernichte. In die Schlacht ziehen ist dann im Gegenteil der Ausdruck eines großen Lebenswillens. Selbst du würdest töten, wenn du mit dem Leben bedroht würdest.

V Aber wie ist es, einen Menschen in der Schlacht zu töten? Gezielt Feuer auf feindliche Soldaten abzugeben? Wie muss sich das anfühlen? Was denkt man dabei?

P Ein Soldat sagte mal in einem Interview: Töten gehört zu meinem Beruf.

V Dann gehört auch Hass zu seinem Beruf? Hass auf das feindliche Volk?

P Ich weiß nicht, ob Gefühle hier überhaupt hineinspielen oder ob man einfach versucht, nur mit dem Verstand zu operieren.

V Aber von den obersten Machthabern wird der Feind ja häufig öffentlich entmenschlicht, was den Hass doch schürt.

P Stimmt, man macht ihn zum Inbegriff des Bösen. Spannend ist, dass sich die Kriegsrhetorik hier eines Begriffs bedient, den wir gar nicht mehr so im Repertoire haben.

V Das Böse?

P Ja, zum Beispiel hieß es doch damals «Die Achse des Bösen». Mit diesem starken Begriff delegitimierst du den Feind auf ganzer Linie – und mobilisierst die Massen.

V Dann geht die Zuschreibung des Bösen mit Entmenschlichung einher. – Das heißt: Bösesein ist nichts Menschliches?

P Nun gut, was bedeutet es im Kern, böse zu sein?

V Bereit sein, anderen zu schaden? Böse ist ja in erster Linie ein moralischer Begriff.

P Das greift zu kurz. Egoistisch sein wäre ja dann auch schon böse.

V Egoistisch sein bedeutet doch nicht, anderen zu schaden.

P Unter Umständen schon: Es gibt doch etliche Situationen, in denen du mit deinem egoistischen Verhalten zulässt, dass andere Schaden nehmen. Sagen wir, du hast es im Job auf die Position eines anderen abgesehen. Oder du spannst der Kollegin den Freund aus. Eigen- und Fremdinteressen kollidieren doch ständig.

V Einverstanden. Allerdings ist es ein erheblicher Unterschied, ob du es bloß zulässt oder es mit Absicht tust. Ich meine, um nochmals ein Beispiel zu nennen: Ob du in Kauf nimmst, dass das Glas, das du aus Wut durch die Gegend schmeißt, jemanden trifft, oder ob du gezielt jemanden damit treffen willst, macht doch einen Unterschied. Das wird ja auch im Recht unterschieden, beispielsweise ob die Tötung fahrlässig oder vorsätzlich erfolgte.

P Klar, das ändert dennoch nichts daran, dass egoistisches Verhalten häufig auf Kosten anderer geht. Für den anderen mag das grausam sein, aber du verschaffst dir Vorteile. Und ein solches Streben wird schließlich von uns verlangt.

V Wie meinst du das?

P Wenn du mich fragst, wir werden von der Gesellschaft geradezu angehalten, grausam zu sein.

V Du gibst der Gesellschaft die Schuld?

P Das ist ja nichts Neues: Unsere Gesellschaft baut auf Konkurrenz und Leistungswillen auf. Du musst immer besser werden. Ich sehe es ja nur schon bei mir an der Schule: Jedes Kind will die beste Note haben oder am besten beim Lehrer dastehen. Die anderen sind eigentlich immer deine Konkurrenten.

V Dann würdest du behaupten, dass unsere Gesellschaft Grausamkeiten geradezu einfordert, um voranzukommen?

Setzt Fortschritt immer schon den Kampf voraus? Ist Gutes nie ohne fremdes Leid zu haben?

P Bisschen überspitzt formuliert, aber ja, im Grunde ist das Leben ein ständiger Kampf.

V Und wie hältst du das aus?!

P Der Mensch ist eben ein Künstler der Verdrängung. Ohne Verdrängen würden wir psychisch und auch als Gesellschaft doch gar nicht überleben, eben gerade weil wir täglich mit so vielen Grausamkeiten konfrontiert sind.

V Ist der Mechanismus nicht viel mehr der, den du eben grad beim Krieg beschrieben hast? Anstatt zu verdrängen, machen wir uns was vor, à la: «Die vorherige Chefin hat ihren Posten nicht verdient oder sie hat ihre Leistung nicht erbracht. Es ist gut, dass ich die Führung übernommen habe.»

P Genau, man redet sich ein, dass man was Gutes tut. Man rettet die Firma oder eben im Krieg: Man befreit die Welt von allem Übel.

V Das Heldentum ist eigentlich eine verlogene Sache, es hat immer das Desaster nötig. Es nährt sich von einem schlechten Status quo.

P Diese Frage lässt sich weiterdenken: Ist eine echte gute Tat immer die Behebung eines schlechten Zustands? Ich meine: Kann man auch gut handeln, unabhängig davon, dass etwas gerade schlecht ist? Zum Beispiel Artenschutz: Kann man ihn als gut, verdienstvoll bezeichnen, wenn es gar keine Arten zu schützen gibt?

V Irgendwie scheint die gute Tat in der Dichotomie gut-schlecht gefangen zu sein. Wenn es keine Missstände gäbe auf der Welt, gäbe es dann keine gute Tat mehr?

P Wenn alles gut ist, ist nichts mehr gut?

V Verstörend ist doch aber auch, dass das Schlechte manchmal eine gute Kehrseite hat. Wenn wir schon beim Krieg sind: Das ganze Abschlachten stärkt das Wir-Gefühl. Inmitten des Kriegsübels entsteht gewissermaßen etwas Gutes, ein Zusammenhalt, ein Miteinander.

P Das sehe ich auch bei Mobbing noch und noch, dort werden sogar neue Freundschaften geschlossen, indem man andere ausgrenzt.

V Eigentlich ziemlich pervers.

P Ja, aber wenn ich es mir recht überlege ... vermutlich braucht jede Art von Gruppe einen Gegner, um überhaupt erst eine Gruppe sein zu können. Denk dir zehn Leute auf einer Insel – sind die schon eine Gruppe oder sind sie es erst dann, wenn sie zum Beispiel jemanden ausgrenzen?

V Vielleicht muss nicht der Mensch hinhalten.

P Wie?

V Man könnte sich auch denken, dass die Naturgewalt das Andere, der Gegner ist, der für ein Gruppengefühl sorgt. Oder das Tier. Allerdings würden wir weder die Natur noch das Tier als schlecht oder böse bezeichnen.

P Warum eigentlich nicht? Zum Beispiel die Orcas oder auch Katzen spielen mit dem Opfer, ohne Interesse, es zu fressen. Sie spielen so lange mit ihm, bis es stirbt. Akzeptieren wir dieses Spiel als Teil ihres animalischen Wesens, gehört es zu ihrem Instinkt?

V Ja, sicher.

P Und warum findet man es beim Menschen schlimm, wenn er dasselbe tun würde?

V Weil er ein weiter entwickeltes Bewusstsein hat? Weil er sich in das andere Wesen einfühlen kann? Es ist doch entscheidend, ob der Orca sich dessen bewusst ist, dass das Tier, mit dem er spielt, die Robbe, leidet, oder ob er es schlicht nicht wissen kann.

P Natürlich ist das Wissen um fremdes Leid in diesem Kontext relevant. Aber ob es auch das entscheidende Kriterium ist, um das Verhalten zu beurteilen? Ich meine, viele Serienmörder sind empathielos, haben also kein solches Wissen, wenn man so will, aber das verharmlost ihr Verhalten doch nicht.

V Gut, man könnte sich jetzt fragen, ob sie genau deswegen entschuldbar sind, weil ihnen sozusagen ein Regulativ wie die Empathie fehlt.

P Keinesfalls. Der Serienmörder hat die Wahl, er hat einen freien Willen. Den gestehen wir den Tieren gerade nicht zu. Deswegen würde ich beim Tier auch nicht von «gut» oder «schlecht» sprechen – es ist weder noch.

– Sieh mal! Dort bewegt sich etwas.

V Wo?

P Ganz links, bei dem kleinen Bagger.

V Ah jetzt, ich sehe es – das ist eine Maus.

P Eine Maus? Viel zu groß. Das kann nur eine Ratte sein.

V Möglich.

P Nein, es ist definitiv eine Ratte.

V Du hast wohl recht ... Aber zurück zur Willensfreiheit: Klar, man muss einen freien Willen haben, um als böse oder als gut durchzugehen, aber: Sich frei entscheiden zu können, setzt doch eben ein Vorwissen voraus. Z. B. ein Analphabet: Wie soll er sich bei der Menüwahl im Restaurant frei entscheiden können, wenn er die verschiedenen Optionen nicht einmal kennt?

P Wichtig ist doch vor allem die Absicht, wie du selbst vorhin sagtest. Um böse zu sein, muss man auch schaden wollen, nicht nur den Schaden in Kauf nehmen.

V Definitiv, es braucht auch einen Willen zum Bösen.

P Obwohl ich eben gerade das bezweifle.

V Was jetzt?

P Dass man das Böse wollen kann.

V Warum nicht? Es gibt doch lauter schlechte Menschen mit schlechten Absichten auf dieser Welt.

P Die Frage ist aber anders gestellt: Tut man es, weil man das Böse will? Ich würde das eben verneinen. Man verfolgt mit dem Bösen immer ein höheres Ziel: Lustbefriedigung, Machtausübung ... Der Killer findet Gefallen an dem, was er tut. Er holt aus dem Bösen gleichsam etwas Gutes für sich raus.

V Jetzt verstehe ich. Du meinst, ob man das Böse nur um des Bösen willen tun kann? Böse sein, um böse zu sein.

P Ja. Und ich bezweifle, dass das möglich ist. Das Böse ist nie ein Selbstzweck.

Das Böse ist sich selbst nie genug?

V Dem Opfer widerfährt doch aber Böses.

P Ja, der Mörder setzt vielleicht Böses in die Welt, ohne aber das Böse an sich zu wollen.

V Dann kann es die durch und durch böse Tat gar nicht geben? Das würde sich auch mit unserem Selbstbild als Menschen decken. Nehmen wir zum Beispiel einen Familienvater, der seine Familie auf brutale Weise hinrichtet. Wir haben doch unmittelbar das Bedürfnis, das irgendwie zu erklären. Ich frage mich bei solchen Taten immer: Welche Faktoren müssen zusammengespielt haben, dass so etwas Grausames geschehen konnte? Was sind die Gründe? Das zeigt, wir haben große Mühe, es einfach stehen zu lassen und zu sagen: Das ist böse. Oder: Der war pervers. Punkt. Gerade weil es so unbegreiflich ist, wollen wir es erklären: Wir wollen es «wegerklären».

P Dann würdest du sagen, «böse» ist einfach ein anderer Ausdruck für das, was schwer zu begreifen ist, eine Chiffre für das Unbegreifliche?

V Was sagst du?

Woher plötzlich dieses ohrenbetäubende Hämmern?

P Ist der Begriff des Bösen Platzhalter für das Unerklärliche?

Jetzt kreischt es ganz laut von unten.

V Wie? Ich verstehe dich nicht.

P Ob es Ausdruck von Sprachlosigkeit ist, etwas als böse zu bezeichnen?!?

V Wie laut war das denn! Sorry, ich konnte dich nicht hören. Gehen wir ein Stück weiter?

P Wollte ich schon lange vorschlagen.

V Zu deiner Frage: Ja, einerseits raubt uns das Grausame die Worte. Andererseits oder gerade deswegen wollen wir es mit unserem Erklärungsdrang runter auf den Boden der Vernunft holen.

P Ich glaube, wir wollen nicht nur das, wir wollen es begrifflich auch unter Kontrolle bringen. Das Böse ist doch wie der Tod ein Grenzbegriff, ja, eine Grenzerfahrung. Und um es zu kontrollieren, stellen wir die kaltblütige Tat in einen größeren Kontext, bauen uns eine Geschichte drum herum und verschaffen uns so Zugang.

V Relativieren wir die Tat nicht dadurch? Ich meine, je mehr wir uns mit dem Verstand dem Bösen nähern, desto mehr nehmen wir ihm doch den Stachel, desto mehr nehmen wir ihm das Böse. Unser Antrieb für Erklärung speist sich ja gerade aus dem Bedürfnis, das Phänomen für uns erträglicher zu machen.

P Die Frage spitzt sich sogar noch zu: Kann man überhaupt etwas erklären, was «unvernünftig» ist wie das Böse? Kann die Vernunft, der das Böse als Unbegreifliches entgegensteht, überhaupt versuchen, eine solche Tat zu verstehen? Würde die Tat dadurch nicht indirekt zu etwas Rationalem, zu etwas Nachvollziehbarem, wie du sagst?

V Das gilt vermutlich nicht nur für das Böse. Alles, was wir uns erklären wollen, gleichen wir irgendwie uns an und ist nicht mehr das, was es mal war. Indem wir begreifen, entzaubern wir die Welt ... Eine Bankrotterklärung an die Philosophie?

P Jetzt wirst du aber poetisch.

V Vielleicht lässt sich ja damit unser Problem lösen: mit Poesie.

P Welches Problem?

V Wir stehen doch vor einem Dilemma: Entweder wir lassen das Böse als Unbegreifliches stehen, unterdrücken unseren Drang nach Erklärung und akzeptieren, dass es krasse Perversionen in der Welt gibt, oder wir versuchen, es zu erklären, und schaffen das Böse dadurch gewissermaßen aus der Welt, laufen so aber allenfalls Gefahr, die grausame Tat und das verursachte Leid zu verharmlosen.

P Unsere Gesellschaft hat sich doch schon längst für eine Seite entschieden. Nimm den Serienmörder: Man hat das Böse pathologisiert, es durch das Kranke ersetzt. Und den Täter so humanisiert. Er ist nicht mehr das böse Monster, sondern er ist psychisch krank, hat schlimme Traumata in der Kindheit erlitten.

V Eigentlich perfid: Der Täter konnte nur wieder zum Menschen werden, indem er gleichzeitig zum Kranken wurde. Der Preis fürs Menschsein ist die Krankheit.

P Die Krankheit ist etwas, mit dem wir was anfangen können, das wir sogar aus eigener Erfahrung kennen.

V Genau. Das Böse wurde quasi in eine Mangelerscheinung umgemünzt, Mangel an psychischer Gesundheit, Mangel an Einfühlungsvermögen ... Aber was ist mit den Opfern? Wird ihr Leid nicht geschmälert dadurch? Der Täter ist ja als Kranker fortan quasi auch Opfer.

P Das stimmt. Aber deswegen die Tat nicht zu kontextualisieren, wäre auch fatal. Das käme für mich einer puren Verweigerung gleich, für bessere zukünftige Verhältnisse zu sorgen.

V Warum?

P Wenn wir nach Erklärungen suchen, dann sehen wir im besten Fall gewisse Zusammenhänge, die zur Tat geführt haben. Und damit geben wir uns gleichzeitig Mittel in die Hand, solche Taten und damit auch Leid in Zukunft zu verhindern.

V Du hast recht. Aber wenn wir uns eine Tat auf diese Weise erklären, sie letztlich als Folge eines Defizits, einer starken Beeinträchtigung oder besonderer Lebensumstände betrachten, dann lässt sich der Täter nicht mehr zur vollen Verantwortung ziehen. Denn man kann nicht mehr behaupten, die Tat sei Ausdruck des freien Willens. Und: Wer sagt denn, dass man das Gute frei wollen kann? Wer sagt, dass das Gute nicht einfach auch eine Folge ist von verschiedenen Faktoren, die zusammenspielen – wie beim Bösen?

Das Gute als glückliche Fügung?

P Tja, dann fällt das ganze moralische System in sich zusammen und unser Justizsystem gleich mit, denn dann kann man gar nicht mehr von Gut und Böse sprechen, denn der, der das Gute tut, tut es ja auch nur durch Zufall.

V Keine Moral, keine Sitten? Dann setzt sich am Ende einfach der Stärkere durch?

P Das würde ich nicht grundsätzlich behaupten, und dennoch gibt es gibt Situationen, in denen du verdrängt wirst, wenn du selbst nicht verdrängst. Der Kampf beginnt ja bereits bei einem selbst. Ich meine, wie kann ich es umsetzen, dass ich einen guten Job habe, genug verdiene, dass ich liebesmäßig erfüllt bin und so weiter, ohne meine Integrität zu verlieren? Kurz: Wie kann ich meine Bedürfnisse befriedigen und mir gleichzeitig treu bleiben? Gewisse Dinge ergeben sich vielleicht auch einfach so. Es ist dennoch immer ein Aushandeln oder Erkämpfen.

V Ich verstehe deinen Punkt. Letztlich geht es ja ganz basal auch darum, sich gegen außen bzw. gegenüber den anderen aufrechtzuerhalten, zu positionieren und trotzdem authentisch zu bleiben.

P Genau, man muss im Leben immer Gestalt, Form annehmen. Und das ist manchmal unendlich anstrengend.

V Der Andere bleibt am Ende eben doch immer der Fremde.

P Das sagt ja auch die Psychoanalyse. Es ist das große Trauma, wenn man auf der Welt ist und begreift, dass man nicht selbst die Welt ist, sondern es noch andere gibt. Schlachten sind also gewissermaßen vorprogrammiert.

V Gut, auch wenn wir am Ende die Kämpfe als naturgegeben hinnehmen müssen, gehört es doch auch zur menschlichen Natur, dass wir Ideale haben. Wie eben ein Ideal von Frieden …

P … das wir mit unserer Veranlagung nie erreichen können …

V Das stimmt, und das führt natürlich auch zu einer Spannung, aber –

P Schon irgendwie ernüchternd.

V Ja, aber der Unterschied besteht doch gerade darin, ob dieses Ideal existiert oder nicht. Wenn es nicht da wäre, würden wir vielleicht komplett aufgeben. Dadurch aber, dass es existiert, bemühen wir uns von Zeit zu Zeit, dorthin zu gelangen, auch wenn es aussichtslos ist.

Eine Weile gehen wir schweigend neben der Baustelle her. Was für eine Sisyphusarbeit, denke ich mir. Nächstes Jahr wird alles wieder aufgerissen, vielleicht an einer anderen Stelle, und dann wieder zugeschüttet. Aufreißen, zuschütten, aufreißen, zuschütten. Ohne Ende.

V Sag mal, wo endet diese Baustelle?!

Sagbares – Was kann die Philosophie?

Patrizia

Bei einem Weinseminar meinte einmal ein Dozent zu mir: «Wähle eine Flasche Wein nie nach dem Etikett aus!» Ok, aber gilt das auch für Bücher? Immerhin muss ich das «Gesicht» eines Buches über längere Zeit ansehen – bedenkt man, wie wenig Zeit ich fürs Lesen habe –, dazu kommt, dass es meistens auf meinem Nachttisch liegt, also ein Grund mehr, es auch nach seinem Aussehen auszusuchen, wenn ich es schon so nahe an meine Intimsphäre lasse.

Ich schlendere durch die Bücherregale, mein Blick wandert abwechselnd von links nach rechts, bleibt aber nirgends hängen, wie eine Filmrolle ziehen die farbigen Buchcovers an mir vorbei. Die Titel erfasse ich bei meinem zügigen Schritttempo nur, wenn sie kurz genug sind, bei den längeren schaff ich es knapp bis zur Hälfte. Und schon bin ich weiter. Bis ich vor einer Bücherpyramide zu stehen komme. Die Bücher sind hier thematisch versammelt, sie sollen alle zum Verständnis der Veränderungen unserer jetzigen Zeit beitragen. Ich blättere mich durch einzelne Bücher, manchmal lese ich nur den Klappentext, ein anderes Mal «Mein Tipp» – ein zwischen die Seiten gestecktes Kärtchen, das die Buchhändlerin selbst verfasst hat –, wieder ein anderes Mal lese ich die ersten oder, schon fast unverschämt, die letzten Zeilen des Buches. Wie soll ein Leser da entscheiden? Welcher Autor, welche Autorin soll sich in diesem Wirrwarr an Literatur ein Gehör verschaffen? Ich schnappe auch ein paar provokative Sätze auf und frage mich: Darf ein Buch alles – alles sagen?

Gibt es denn überhaupt «Unsagbares»? Da fällt mir der Satz von Wittgenstein ein, mit dem er seinen Tractatus logico-philosophicus beendet: «Wovon man nicht sprechen kann, darüber muss man schweigen.» Ich habe den Satz schon unzählige Male gelesen, doch erst jetzt verblüfft es mich, dass dieser Satz – gerade von einem Philosophen kommend – die Philosophie, die es sich zur Aufgabe macht, über alles nachzudenken, infrage stellt.

Nachdenklich begebe ich mich ins Café im 2. Stock der Buchhandlung, wo Vanessa bereits auf mich wartet.

P Wartest du schon lange?

V Nein. Ich habe mir aber schon einen Kaffee bestellt.

P Ich war früh dran, also habe ich mich noch kurz in der Philosophie-Abteilung umgesehen.

V Und, was gibt's Neues?

P Wie immer eine Vielzahl neu erschienener Bücher ... Ein interessantes Buch hingegen habe ich kurz durchgeblättert, es ging um ...

V *(fällt P ins Wort)* Findet Philosophie eigentlich noch statt in unseren Leben?

P Du meinst, zwischen Baby wickeln bei dir und begabte Kinder fördern als Lehrerin bei mir?

V Ja, genau. Unser Alltag ist doch seit dem Studiumsabschluss völlig durchgetaktet, nicht?

P Wie kann Philosophie überhaupt im Alltag stattfinden? Hat sie das denn vorher gemacht?

V Gute Frage. Früher hatte ich definitiv mehr Zeit, mich direkt mit Philosophie zu beschäftigen und hin und wieder ein philosophisches Buch zu lesen.

P Und heute?

V Zum Lesen komme ich kaum noch ... aber umso mehr zum Nachdenken! (*lacht*) Nein, im Ernst, Philosophie findet trotzdem statt und zwar darin, fragend durch die Welt zu gehen und dort weiterzudenken, wo es unangenehm wird.

P Zum Beispiel?

V Mir immer wieder bewusst zu werden, dass mein Leben endlich ist, und vor diesem Hintergrund mein Leben sinnvoll zu gestalten.

P Oha, so existenzialistisch!

V Es ist tatsächlich nicht so einfach, triviale Beispiele zu finden ...

P Doch, da gäbe es zum Beispiel die ethischen Entscheidungen, die wir jeden Tag treffen. Wenn du im Supermarkt stehst und überlegst, ob du die teureren Bio-Produkte kaufst, weil sie offenbar umweltfreundlicher sind, triffst du auch bereits eine ethische und dadurch philosophische Entscheidung.

V Stimmt. Oder wie wir miteinander umgehen. Wenn wir uns bemühen, empathisch zu sein und die Perspektiven anderer zu verstehen, praktizieren wir im Grunde ja auch wieder Philosophie – moralische Philosophie.

P So gesehen ist die Philosophie auch Teil meines Lebens oder, besser gesagt, ein Wesenszug meiner Person. Gerade in der Schule gibt es viele emotionsgeladene Konflikte: zwischen der Schulleitung, den Lehrern, den Schülern, den Eltern usw. Da merke ich oft, wie wichtig es ist, in Konflikten fair zu bleiben und Kompromisse zu finden.

V Das stelle ich auch im Umgang mit meinen Kindern fest, wenn es darum geht, den unterschiedlichen Bedürfnissen beider gerecht zu werden.

P Und dann gibt es noch das kritische Denken. Nimm zum Beispiel die Nachrichten, die wir täglich lesen und wo wir überlegen, ob die Quellen vertrauenswürdig sind oder nicht …

V Setzt du Philosophie mit kritischem Denken eigentlich gleich?

P Ja, in gewisser Hinsicht. Das war übrigens der Hauptgrund, warum ich mich damals für das Philosophiestudium – trotz schwieriger Berufsaussichten – entschieden hatte.

V Mir ging es da ähnlich wie dir: Ich wollte Argumente analysieren, logische Fehler erkennen und fundierte Entscheidungen treffen können.

P Philosophie hilft uns definitiv, diese Fähigkeiten zu entwickeln. Ohne diese, so befürchte ich, würde mir die Welt platt und vielleicht gar fremd erscheinen.

V Apropos Welt: Da ist auch so einiges passiert seit unserem letzten Buch vor sechs Jahren. Corona, Kriege in Europa, Migrationsströme, gesellschaftliche Umwälzungen durch Digitalisierung und KI …

Schon sechs Jahre her?! Ich schaue Vanessa von der Seite an, während sie einen Schluck Kaffee nimmt. Vielleicht hat sich die Welt verändert, nicht aber Vanessa. Und unsere Freundschaft auch nicht. Es gibt nach wie vor kaum ein Thema, miteingeschlossen die philosophischen, das ich nicht mit ihr besprechen würde. Sie schaut mich etwas verdutzt an, weil ich nicht sofort antworte. Ich spreche es nicht aus, bin aber außerordentlich dankbar für unser Zusammenkommen hier, vor sechs Jahren und überhaupt.

P Ja, in der Tat! Welchen Einfluss hat die Philosophie auf solche fundamentalen Veränderungen?

V Gerade bei solchen Ereignissen oder auch den jetzigen Kriegen sollte sich die Philosophie eine Bühne verschaffen. Ehrlich gesagt war ich aber konsterniert, dass sich gerade während der Pandemie wenige Philosophen zu Wort gemeldet hatten.

P Vielleicht, weil für viele die Philosophie oft abstrakt und praxisfern zu sein scheint?

V Wahrscheinlich. Aber findest du nicht auch, dass der öffentliche Diskurs die letzten Jahre zuweilen sehr einseitig war? Dabei lebt gerade die Philosophie doch davon, dass sie Kontroverses diskutiert und zulässt.

P Ich bin mit dir einverstanden. Du kennst sicherlich das Vorurteil, das viele gegenüber der Philosophie hegen: Wir interpretieren die Welt, verändern sie aber nicht.

V Um die Welt zu verändern, muss man sie aber zuerst verstehen, nicht?

P Verstehen wir, die Philosophen, die Welt?

V Ich würde das ganz klar bejahen!

P Warum?

V Weil die Philosophie versucht, mit klaren Argumenten zu arbeiten. Die Begriffe werden zuerst definiert und erst dann geht man weiter. Es wird nicht einfach geplappert. Dadurch hat sie für mich auch eine Nähe zur Mathematik.

P Und dies anhand ihrer simplen Methode ...

V Aus sich selbst oder, besser gesagt, aus dem Denken zu schöpfen?

P Ja. Ich denke da zum Beispiel an die Methode der Dialektik, deren wir beide uns auch bedienen: Es ist ja schlussendlich nichts anderes als ein einfaches

Wechselspiel von These, Antithese und Synthese – und doch werden Fortschritte im Denken erzielt.

V Was mir dabei gefällt und wo ich auch ihren großen Nutzen sehe, ist, dass dabei auch widersprüchliche Ideen konfrontiert und zu einer höheren Wahrheit vereint werden.

P Genau! Und es ist ein dynamischer Prozess, den es heute mehr denn je braucht – das sehe ich gleich wie du.

V Reicht die Dialektik, um komplexe und widersprüchliche Phänomene zu verstehen und diese dann in unsere Gesellschaft zu integrieren?

P Ich hoffe es. Für mich stellt sich aber immer dringlicher die Frage: Was kann die Philosophie beitragen und wie kann sie tatsächlich die Welt verändern?

V Früher begnügten wir uns vielleicht auch selbst mit der Philosophie als etwas Schöngeistigem. Denk nur mal an unser letztes Buch, wo wir gerne philosophierend bis tief in die Nacht Rotwein in Bars getrunken und uns wortwörtlich über «Gott und die Welt» unterhalten haben.

P Eben. Die große Frage im Raum ist doch: Wie kann die Philosophie die reine Denktätigkeit verlassen und auch performativ wirken, auf die Welt einwirken?

V Ich würde das mal so darstellen: Denken ist Sprache und Sprache ist bereits Handeln in der Welt. Den Beweis dafür sehe ich darin, dass man die letzten Jahre vielen Denkern auch gegen das Schienbein getreten ist, wenn sie sich zumal auch kritisch geäußert haben.

P Stimmt. Denkst du da auch an die sogenannte «Cancel Culture»? Sie ist ein Beispiel dafür, dass das Wort enorme Macht hat. So betrachtet ist die «Cancel Culture» für die Philosophie fast schon positiv, nicht?

V Du meinst, weil die Philosophie vom Wort lebt? Ja, so gesehen bekommt die Sprache eine gewisse Vormachtstellung. Die Wörter, die wir wählen, können eine enorme Wirkung haben und oft merken wir gar nicht, dass bestimmte Ausdrücke verletzend oder diskriminierend sind.

P Hast du ein konkretes Beispiel im Kopf?

V Na, der allgemeine Gebrauch von rassistischen oder sexistischen Begriffen ...

P Das Problem ist aber oft, dass viele dieser Begriffe historisch tief verwurzelt sind und in der alltäglichen Sprache verwendet werden, ohne dass die Leute über ihre Bedeutung nachdenken.

V Genau. Wusstest du zum Beispiel, dass die Aussage «Das kommt mir spanisch vor» eine diskriminierende ist?

P Nein ...

V Ja! Sie stammt offenbar aus dem 16. Jahrhundert, als ein zuvor spanischer König zum deutschen Kaiser ernannt wurde und dadurch neue – ungewohnte – Sitten entstanden, die man nun als «spanisch» empfand ...

P Spannend. Ein treffendes Beispiel dafür, dass die Bedeutung der Wörter je nach Gebrauch variieren kann ...

V Die Bedeutung eines Wortes wird durch seinen Gebrauch in der Sprache bestimmt, nicht durch eine feste Definition, meinte schon Wittgenstein in seiner Bedeutungstheorie.

P **Ein wichtiger Aspekt, den du da ansprichst. Dies würde auch erklären, warum Menschen, die verschiedene Sprachen sprechen, die Welt unterschiedlich sehen.**

V Nicht nur das. Das ist wohl auch der Grund, warum einzelne Wörter verschieden verstanden, ja, «gelebt» werden …

P **Da kommt mir in den Sinn, dass auch einzelne Wörter nicht wirklich übersetzbar sind. Beispielsweise das deutsche Wort «Sehnsucht» gibt es so nicht im Französischen. Sie begnügen sich mit «désir» oder «nostalgie», was aber die Tiefe des deutschen Wortes nicht wirklich wiedergibt … Die Frage ist: Gibt es denn das entsprechende Gefühl auch nicht, wenn es kein passendes Wort dafür gibt?**

V «Die Grenzen meiner Sprache sind die Grenzen meiner Welt»?

P Wittgenstein?

V Ja.

P Das würde bedeuten, dass die Struktur und der Gebrauch von Sprache unser Denken beeinflussen und ausschlaggebend dafür sind, wie wir die Welt wahrnehmen.

V Genau ... Die Sprache ist eben mehr als nur ein Kommunikationsmittel. Sie beeinflusst auch unsere kulturelle und persönliche Identität und nicht zuletzt ist sie auch Sozialisation, in der wir Werte und Normen lernen.

P Ja, letzteres spielt eine große Rolle in der Schule. Trotzdem läuft man immer wieder Gefahr, Missverständnisse entstehen zu lassen: Wenn die Bedeutung eines Wortes vom Kontext abhängt, kann es leicht zu unterschiedlichen Interpretationen kommen.

V Ja, diesen Aspekt darf man nicht aus den Augen verlieren. Einerseits sehe ich die Notwendigkeit der «Cancel Culture», Menschen und Organisationen zur Rechenschaft zu ziehen, andererseits kann es auch problematisch werden, wenn es zu weit geht.

P Woran denkst du?

V Na, an die vorschnelle Verurteilung einer Person … eben, wenn man jemand zu Unrecht «cancelt» …

P Ah ja, klar. Einerseits ist es wichtig, auf Missstände aufmerksam zu machen und Veränderungen zu fordern. Andererseits kann es natürlich auch unfair werden, wenn Menschen ohne gründliche Untersuchung oder Kontext verurteilt werden.

V Genau. Man sollte zwischen böswilligem Verhalten und Fehlern, die aus Unwissenheit oder einem anderen Kontext heraus gemacht wurden, zu unterscheiden wissen. Aber wie kann man das ausgewogen und fair beurteilen?

P Schwierig. Es ist wohl ein Balanceakt.

V Ich frage mich auch, ob es manchmal – bei vorschneller Verurteilung – auch noch um etwas anderes, um ein anderes Prinzip, um ein Ventil, über das man irgendetwas abbauen will, geht?

P Du meinst die Empörungskultur?

V Ja. Wie sähe denn eine Welt aus, in der es nichts gibt, das uns empören lässt?

P Gleichförmig, gleichmäßig? Ich finde den Wunsch, überall aufzuräumen, anzuprangern, ja, eine heile Welt schaffen zu wollen, hochinteressant. Ist das nicht ein fast kindlicher Wunsch?

V Was darf denn heute noch gesagt werden?

P Wohl alles, was niemanden direkt schädigt oder zu Gewalt anstiftet?

V Ja, aber man muss auch differenzieren zwischen Gesinnung und Sprache: Du kannst ein Wort aussprechen, hast aber nicht die entsprechende Gesinnung. Da muss man auch aufpassen.

P Einverstanden. Schüler gebrauchen auch oft Wörter, die sie irgendwo aufgeschnappt haben, ohne deren genaue Bedeutung zu kennen ... Da wäre es auch sinnlos, sie andauernd an den Pranger deswegen zu stellen.

V Eben, man muss die Sprache in ihrem Kontext sehen.

P Ja, und auch mit welcher Absicht man ein Wort oder einen Satz äußert. Die Sprechabsicht.

V Womit wir da wären, wo die Philosophie anhand der Sprache eben doch auch performativ auf die Welt einwirken kann …

P Du denkst an die «Sprechakte», die in der Sprachphilosophie beschrieben werden?

V Genau. Beispielsweise, dass Sprache nicht nur dazu dient, Informationen zu übermitteln, sondern auch Handlungen auszuführen, wie versprechen, befehlen, loben usw.

P Hast du ein konkretes Beispiel?

V Wenn ich dir jetzt sage: «Bestelle mir bitte noch einen Kaffee!», dann sollte dich diese Aufforderung dazu veranlassen, diese bestimmte Handlung auszuführen …

P Willst du denn noch einen?

V (*lacht*) Nein! Das war doch nur als Beispiel gedacht …

P Als ich mich vorhin in der Buchhandlung umsah, musste ich an den Satz von Wittgenstein denken: «Wovon man nicht sprechen kann, darüber muss man schweigen». Gibt es Dinge, die jenseits der Ausdrucksmöglichkeiten der Sprache liegen?

V Klar, manchmal sind philosophische Konzepte so abstrakt, dass sie schwer in Worte zu fassen sind. Sprache kann hier eine Grenze darstellen.

P Vielleicht lassen sich gewisse Probleme auch nicht auf der Ebene lösen, auf der sie entstanden sind?

V Aber dafür auf einer Metaebene, nicht?

P Das Konzept fasziniert mich total. Vor allem, weil die Philosophie als einzige Disziplin auch über sich und alle anderen Disziplinen und deren Grenzen nachdenkt …

V Ja, das stimmt. Du sprichst die Wissenschaftstheorie – ein Teilgebiet der Philosophie – an, nicht?

P Ja. Fragen wie «Wann ist eine Theorie empirisch oder was ist überhaupt eine Theorie?» betreffen ja verschiedene Disziplinen.

V Stimmt. Philosophie als Metawissenschaft liefert demnach die Methodik für alle anderen wissenschaftlichen Disziplinen.

P So gesehen, ist sie ihrem Wesen nach fächerübergreifend.

Ich erinnere mich noch, wie ein Professor stolz bei einem Seminar über Wissenschaftstheorie verkündete: «Die Philosophie ist die einzige Disziplin, die auch über alle anderen Disziplinen nachdenkt! Sozusagen ist sie das Gehirn im Körper, das ja auch über sich selbst nachdenken kann, was man ja von einer Leber nicht behaupten kann!»

V Ja, die Metaebene ist wirklich spannend. Eine Reflexion auf einer höheren Abstraktionsebene. Auch interessant für die Philosophie selbst, findest du nicht auch?

P Auf jeden Fall! Vor allem, dass die Metaebene uns erlaubt, die Methoden, Annahmen und Ziele der Philosophie zu hinterfragen. Es ist wie ein Blick hinter die Kulissen dessen, was Philosophen tun.

V Woran denkst du da konkret?

P An die Metaphilosophie, die sich mit der Natur und den Methoden der Philosophie selbst beschäftigt. Sie fragt zum Beispiel, was Philosophie ist und was sie leisten kann.

V Ja, und diese Reflexion auf der Metaebene kann sehr erhellend sein. Sie zeigt uns, dass einige Probleme vielleicht gar nicht lösbar sind, weil sie aus den Grenzen unserer Sprache und unseres Denkens resultieren.

P Welche Probleme meinst du?

V Ich denke da spontan an die Scheinprobleme … gemäß Wittgenstein …

P Scheinprobleme?!

V Ja, weil sie gar keine echten, sondern eben Scheinprobleme sind, die entstehen, weil wir die Sprache entgegen ihrem gewöhnlichen Gebrauch verwenden und wir sie so missbrauchen.

P Zum Beispiel?

V Die Frage «Was ist das Wesen der Zeit?» – eine klassische philosophische Frage – ist ein Scheinproblem, weil sie aus einer Verwirrung über den Sprachgebrauch resultiert.

P Okay. Und weiter?

V Die Struktur der Sprache lässt uns hier fälschlicherweise ein Ding namens Zeit vermuten. Statt zu fragen «Was ist die Zeit?», könnten wir uns ansehen, wie wir das Wort «Zeit» im Alltag gebrauchen. Dann verschwindet das Problem.

P Also: «Die Zeit vergeht schnell» oder «Ich habe keine Zeit»?

V Ja, diese Aussagen machen in ihrem jeweiligen Kontext Sinn.

P Ich verstehe.

V «Die Probleme entstehen, wenn die Sprache feiert.» Solange die Sprache «arbeitet» – in ihrem alltäglichen Gebrauch verwendet wird –, gibt es keine Probleme. Wird sie aber ihrem alltäglichen Gebrauch enthoben, «feiert sie» und es entstehen Probleme, Scheinprobleme.

P Aber das machen doch die Philosophen andauernd: die Sprache zum «Feiern» zu bringen, nicht? Dann denkst du, dass die Philosophie Grenzen hat?

V Ich glaube, jede Disziplin hat ihre Grenzen, aber die Philosophie hat ein einzigartiges Merkmal, wie du es schon sagtest: Sie beschäftigt sich mit sich selbst und ihren eigenen Grenzen.

P Das stimmt. Sie ist in gewisser Weise selbstreflexiv.

V Ich frage mich aber, wie sie über ihre eigenen Grenzen nachdenken kann? Anhand welcher Methoden? Die müssten ja dann außerhalb der Philosophie liegen.

P Dann würde aber die Philosophie nicht mehr über die Philosophie nachdenken ...

V Wie lässt sich dieses Problem lösen?

P Vielleicht ist das der Grund, warum sich einige Philosophen in ihren späteren Werken auch noch der Dichtung zugewandt haben? Ich denke da spontan wieder an Wittgenstein.

V Weil das «Unsagbare» nicht mit klaren, logischen Begriffen erfasst werden kann?

P Genau. Wittgenstein meinte, dass Poesie Dinge ausdrückt, die über das hinausgehen, was präzise in Worte gefasst werden kann. Sie kann zeigen, was nicht gesagt werden kann.

V Okay, das sehe ich ein. Durch Dichtung können wir vielleicht komplexe Gefühle und Erfahrungen ausdrücken, die andernfalls schwer in rationale Begriffe zu fassen sind, nicht?

P Genau. Ein weiteres Beispiel ist die Verwendung von Metaphern und Symbolen in der Dichtung ...

V ... wodurch man wohl tiefer in menschliche Erfahrungen eintauchen kann, ohne systematisch und methodisch sein zu müssen ...

P Heidegger sah die Dichtung auch als eine ursprüngliche und wesentliche Form des Denkens, die uns Zugang zu einer tieferen Dimension der Realität gibt.

V Nämlich?

P Als Möglichkeit, das Sein zu enthüllen. Heidegger schätzte Dichter wie Hölderlin sehr, weil er glaubte, dass sie in der Lage sind, die tiefen Wahrheiten des Seins zu offenbaren.

V Aber ist Hölderlins Lyrik nicht sehr hermetisch, also schwer zugänglich?

P Genau. Hölderlins Hermetik kann aber auch als eine Art Schutzmechanismus verstanden werden ...

V Wie das?

P Die wahre Tiefe seiner Einsichten ist vielleicht für diejenigen bewahrt, die bereit sind, die Reise anzutreten.

V Welche Reise?!

P Ja, das war jetzt auch etwas poetisch ausgedrückt ... Ich meine damit, es ist eine Einladung, tiefer in das Mysterium des Seins einzutauchen ...

Vanessa Sonder (1982) studierte Philosophie, Biologie und Allgemeine und Vergleichende Literaturwissenschaft an der Universität Zürich. Nach einem längeren Aufenthalt als Redakteurin in der Filmproduktion wechselte sie in die Verlagsbranche und arbeitet heute als Projektleiterin und Lektorin bei einem Lehrmittelverlag. Sie wohnt mit ihrem Partner und den gemeinsamen Kindern in Zürich.

Patrizia Hausheer (1983) studierte Philosophie, französische Literatur und Rechtswissenschaften an den Universitäten Sorbonne, Bourgogne, Fribourg und Zürich. Anschließend war sie als Lehrperson an Gymnasien und als freie Journalistin tätig. Seit 2019 unterrichtet sie als Lehrperson für Begabungs- und Begabtenförderung. Patrizia Hausheer lebt in Zürich.

Patrizia Hausheer und Vanessa Sonder verbindet neben ihrer Freundschaft auch die Zusammenarbeit an künstlerischen Projekten in der Philosophie. Ihr Schaffen reicht von Installationen über philosophische Texterzeugnisse bis zu poetischen Kurzfilmen. 2018 erschien ihr erstes gemeinsames Buch «Was soll das alles – Bargespräche zweier Philosophinnen». Im Anschluss schrieben sie zusammen eine Kolumne in der NZZ «Zürich philosophisch». Ebenso erarbeiteten sie Beiträge für das Philosophiefestival Langenthal (2014) und die Lange Nacht der Philosophie Zürich (u. a. 2016, 2017 und 2018).